Victoria

Dargestellt von Jürgen Lotz

Rowohlt Taschenbuch Verlag

Umschlagvorderseite: Queen Victoria als Kaiserin
von Indien. Porträt von Heinrich von Angeli, 1885
Umschlagrückseite: Queen Victoria und Prinz Albert.
Foto von Roger Fenton, 30. Juni 1854
Der Kristallpalast in London. Erbaut von Joseph Paxton.
Kolorierter Stahlstich, um 1851

Seite 3: Die offizielle Fotoaufnahme der Königin
zum sechzigsten Thronjubiläum 1897 von W. D. Downey
Seite 7: Königin Victoria mit dem Hosenbandorden.
Ölgemälde von Franz Xaver Winterhalter, 1843. (Ausschnitt)

Meiner Mutter in Dankbarkeit gewidmet

Originalausgabe
Veröffentlicht im Rowohlt Taschenbuch Verlag
GmbH, Reinbek bei Hamburg, Juni 2000
Copyright © 2000 by Rowohlt Taschenbuch Verlag
GmbH, Reinbek bei Hamburg
Alle Rechte an dieser Ausgabe vorbehalten
Umschlaggestaltung Ivar Bläsi
Redaktionsassistenz Karolin Marhencke
Reihentypografie Daniel Sauthoff
Layout Gabriele Boekholt
Satz PE *Proforma und* Foundry Sans *PostScript,*
QuarkXPress 4.04
Gesamtherstellung Clausen & Bosse, Leck
Printed in Germany
ISBN *3 499 50627 0*

Die Schreibweise entspricht den Regeln
der neuen Rechtschreibung.

INHALT

Victoria und der Viktorianismus

Die Umgestaltung der Mall zur schnurgeraden Pracht-Avenue war 1911 abgeschlossen. Wie Paris und Berlin hatte jetzt auch London seine Via triumphalis. Sie beginnt in nächster Nähe des Trafalgar Square mit einem Triumphbogen, dem Admiralty Arch, und findet am Bucking-ham Palace mit dem 27 Meter hohen Victoria-Denkmal ihren krönenden Abschluss. Nur ei-nes blieb noch zu tun: dieses mit Allegorien überhäufte Monument aus 1000 Tonnen Marmor und 800 Tonnen Granit feierlich zu enthüllen. Und so entfaltete die Weltmacht England noch einmal allen höfisch-militärischen Glanz und Pomp, um jene Herrscherin zu ehren, die fast 64 Jahre lang, von 1837 bis 1901, im Vereinigten Königreich die Krone ge-tragen hatte. Seit' an Seit' nahmen König George V. und Kaiser Wilhelm II., die beiden regierenden Enkel, die Militärparade ab, während Königin Mary und Kaiserin Auguste Viktoria in proto-kollgerechtem Abstand unter der im Herrscherornat thronenden Victoria dem Schauspiel beiwohnten.

Den jubelnden Zuschauern bot sich ein Bild verwandtschaft-licher Eintracht – ganz im Sinne der verewigten Monarchin, die le-benslang versucht hatte, ihre weit verzweigten familiären Verbin-dungen zu den Höfen des Kontinents außenpolitisch zu nutzen. Dass diese Rechnung allzu oft nicht aufging, hatte Victoria schmerzlich erfahren müssen. Gleichwohl war ihre Autorität als Oberhaupt eines europäischen Fürstenclans im Alter so unbestrit-ten, dass sich zu ihren Lebzeiten der Konflikt zwischen Staatsrä-son und Familie in Grenzen gehalten hatte. Zehn Jahre nach ihrem Tod konnte davon keine Rede mehr sein. Nach Einschätzung von Schatzkanzler David Lloyd George war der deutsch-britische Antagonismus inzwischen zum wichtigsten Faktum der internationalen Beziehungen geworden. Mehr denn je wurde der britische Welthandel von der deutschen Konkurrenz hart bedrängt; koloniale Rivalitäten förderten zudem die Aggressionsbereitschaft; und mit seinem Flottenbauprogramm hatte Wilhelm II. die Weltmacht Großbritannien an ihrem empfindlichsten Nerv getroffen: in ihrem traditionellen Selbstverständnis als Beherrscherin der Meere. Dass London in einer Entente cordiale mit Frankreich und in der um Russland erweiterten Triple-Allianz gegen das Deutsche Reich Stellung bezogen hatte, bedeutete eine radikale Abkehr von einer Grundbedingung viktorianischer Politik: der «splendid isolation», der Bündnisverweigerung um der politischen Handlungsfreiheit willen. So ließ sich denn der Viktorianismus politisch nicht über sein Jahrhundert hinaus verlängern, als geistige Lebensform jedoch beeinflusste er die Gesellschaft nach wie vor.

Als Königin Victoria am 22. Januar 1901 starb, traf diese Nachricht die Bevölkerung nicht unvorbereitet. Dennoch saß der Schock tief. Seit drei Generationen hatte sie die Krone getragen, war schließlich zur «Mutter des Empire» geworden, sodass sich viele ihrer Untertanen ein Leben ohne sie nur schwer vorzustellen vermochten. Was Wunder also, dass der Mythos Wurzeln schlug. Nostalgie beschwor ein goldenes Zeitalter bürgerlicher Geborgenheit und Beständigkeit, in dem die Königin das Selbstbewusstsein der Nation repräsentiert habe. «Viktorianisch» wurde zum Gütesiegel für eine «gute, alte Zeit», auch wenn es die so nie gegeben hatte. So überlagerte das Bild der alten Victoria im strengen Witwenhabit jene frühen und mittleren Herrscherjahre, in denen mehr als einmal die Kontinuität der Monarchie gefährdet schien, weil die Unpopularität der Königin zeitweise bedrohliche Formen angenommen hatte. Politik, Wirtschaft und Gesellschaft waren in diesen fast 64 Regierungsjahren in stetem Wandel begriffen, sodass erst die nostalgische Rückschau jene angebliche Konsistenz zu suggerieren vermochte, die sich von der Wirklichkeit der viktorianischen Epoche ablöst.

Das Empire, dem Victoria vorstand, hatte in der Geschichte nicht seinesgleichen. Im letzten Jahrzehnt des 19. Jahrhunderts

Einweihung des Victoria-Monuments, 16. Mai 1911
in Gegenwart der regierenden Enkel und deren Gemahlinnen.
Nach einem Ölgemälde von Sydney Prior Hall

war es neunzigmal größer als das Mutterland und umfasste ein Viertel der Erde mit etwa 400 Millionen Menschen aller Hautfarben, Rassen und Religionen. Dieses Imperium bildete das Fundament des wirtschaftlichen Reichtums, auf dem Großbritannien seine «Werkstatt der Welt» errichtete. Dass um dieser «Werkstatt» willen im Namen der Königin außerhalb Europas 229 Kriege und Aufstände zu bestehen waren, galt als notwendiger Tribut an eine Weltreichsideologie, die das stolze «civis Romanus sum»[1] der Antike ins Englische der Neuzeit übersetzte. Eng damit verbunden war der hart erkämpfte Sieg des Freihandels, der die britische Wirtschaftsmacht in allen Erdteilen befestigen half.

Das europäische 19. Jahrhundert war eine Umbruchszeit. Europa suchte eine Antwort auf die Französische Revolution – eine Herausforderung, die sich zu einem zähen, erbitterten Kampf zwischen Restauration und demokratischer Emanzipation ausweitete und den Nationalstaatsgedanken unter dem Einfluss der Kolonialreichsbildung in die Fänge eines aufgepeitschten Nationalismus geraten ließ. Nicht weniger dramatisch waren die Folgen der industriellen Revolution mit ihrer radikalen Veränderung der wirtschaftlichen und gesellschaftlichen Strukturen. Dass man im Vereinigten Königreich diese Gärungsprozesse alles in allem glücklicher überstand als auf dem Kontinent, erscheint umso erstaunlicher, da das Mutterland der Industrialisierung geradezu als Fallstudie für die Fehlentwicklungen der modernen Industriegesellschaft galt. So groß das Konfliktpotential der viktorianischen Klassengesellschaft auch war – es ließ sich, wenn auch mühsam, unter Kontrolle halten, weil die englische Aristokratie als die politisch führende Klasse begriffen hatte, dass das Damoklesschwert der Französischen Revolution sich nur durch grundsätzliche Reformbereitschaft entschärfen ließ. Während in Deutschland der Adel trotz der achtundvierziger Revolution auf seinen Privilegien beharrte und damit die demokratische Entwicklung maßgeblich hemmte, machte er in Großbritannien unter dem

Zusammentritt des neuen Unterhauses nach der Wahlrechtsreform von 1832. Gemälde von Sir George Hayter, 1833

Druck des Bürgertums immer wieder wichtige Konzessionen, was
eine totale Verhärtung der Fronten zwischen den Klassen verhin-
derte. Diese Reformbereitschaft ließ sich natürlich nie ohne erbitterte interne Widerstände herstellen, doch im Ergebnis war und
blieb sie eine Konstante der englischen Politik. Sozialer Druck und
politische Konflikte erzwangen Lösungen, die als Präzedenzfälle
die ungeschriebene Verfassung des Landes weiterentwickelten. So
ersparte die innere Dynamik der Verfassung dem Inselreich konti-
nentale Verhältnisse.

Die Fähigkeit zum politischen Umbau Großbritanniens durch
evolutionären Wandel entsprang einem pragmatischen Nützlich-
keitsdenken, das statt großer Reformentwürfe eine stufenweise
Reformanpassung bevorzugte. So bekam beispielsweise die Stellung des Premierministers, offiziell nur der «primus inter pares»
einer Kollegialregierung, eine neue Qualität, als aus dem ersten

Diener der Krone, den der Herrscher nach Belieben entlassen konnte, der Führer der Parlamentsmehrheit wurde, der spätestens seit
den siebziger Jahren nur noch vom Vertrauen des Unterhauses abhängig war. Von zentraler Bedeutung aber waren die Wahlrechts-
reformen von 1832, 1867 und 1884, denn sie erweiterten nicht nur
das Wählerpotential, sondern veränderten auch das Parteienspek-
trum. Aus Whigs und Tories, die ohne Fraktionsdisziplin Parla-
mentspolitik betrieben und sich vornehmlich an Standesinteres-
sen orientierten, wurden Liberale und Konservative, die immer
mehr soziale Gruppen unterschiedlichster Art integrieren und auf
eine konsensfähige Politik einschwören mussten. Der oligarchisch
gesteuerte Parlamentarismus verwandelte sich sukzessiv in eine
konstitutionell verfasste Parteiendemokratie – ein fundamentaler
Strukturwandel, den die alte Königin Victoria aus Selbstschutz
freilich nicht wahrhaben wollte.

Erstmals wurde die Tendenz zur Integration unterschiedlicher sozialer Gruppen im Parteiengefüge deutlich, als der in den
frühen fünfziger Jahren einsetzende Wirtschaftsaufschwung den
Arbeitern zwar keinen Wohlstand, aber eine kontinuierliche Verbesserung ihrer materiellen Existenz bescherte. Große Teile der
Arbeiterschaft sahen sich seitdem von der Liberalen Partei gleichermaßen vertreten wie Männer des Handels und der Industrie,
ethnische Minderheiten und religiöse Dissenters.[2] Dies änderte
sich erst wieder seit den achtziger Jahren, als der ökonomische
Höhenflug in Arbeitslosigkeit und Streiks abstürzte und die Arbeiterschaft sich von den Liberalen abzusetzen begann. Doch gewannen die frühen sozialistischen Parteigruppierungen erst an
Bedeutung, als sie ihre Kräfte unter dem Einfluss der Gewerk-
schaften im Labour Representation Committee bündelten. Sechs
Jahre später, 1906, ging aus dem Komitee die Labour Party hervor,
deren politischer Aufstieg parallel zum Untergang der Liberalen
verlief.

Konstitutiver Bestandteil allen evolutionären Wandels war
ein tief ausgeprägtes Traditionsbewusstsein, das sich mit dem
Pragmatismus nüchterner Realpolitik verband. Tradition setzte
im Viktorianismus den Rahmen für politische Veränderungen,
alte Formen und Institutionen beruhigten über neue Inhalte, gaben gleichsam Halt in einer Welt, die zunehmend komplizierter

wurde. Und wo sich keine Tradition finden ließ, stellte man sie künstlich her. Dies betraf nicht zuletzt die Krone selbst, die seit den späten siebziger Jahren im Erfinden «neuer» Traditionen desto einfallsreicher war, je geringer ihr politischer Einfluss wurde. Die höfischen Rituale wurden zur Selbstdarstellung des Imperiums immer pompöser aufgeputzt, ohne dass dies jedoch auf das eher bescheidene Privatleben der Königin abgefärbt hätte. Nachdem Premierminister Benjamin Disraeli die Souveränin 1878 zur Kaiserin von Indien «befördert» hatte, galten zeremoniell bedeutende Feierlichkeiten als imperiale Ereignisse – so, als stellten sie die Monarchie in den Dienst altüberlieferter Traditionen.

Zehn Premierminister, die 21 Kabinetten vorstanden, sah die Königin während ihres langen Lebens kommen und gehen. Hinter dieser knappen Statistik verbirgt sich ein politischer Erfahrungsschatz, der, aus Siegen und Niederlagen gewonnen, maßgeblich zum Ausbau der konstitutionellen Monarchie beitrug, auch wenn die Entwicklung dieses Konstitutionalismus nicht unbedingt den Vorstellungen der Queen entsprach. Da sie von diesem Regierungssystem nur eine unpräzise Anschauung hatte, verteidigte sie es im Sinne verfassungsrechtlicher Pflichterfüllung, wehrte sich aber gleichzeitig energisch gegen jeden Versuch, ihr den Verzicht auf königliche Prärogative abzutrotzen. Gleichwohl war abzusehen, dass die Krone im Konfliktfall Machteinbußen hinnehmen musste, je selbstbewusster und stärker Parlament und Regierung wurden – zumal die Königin einen ernsthaften Verfassungskonflikt trotz mancher rhetorischen Empörung scheute. Als das Empire 1887 das goldene Thronjubiläum feierte, war die politische Macht der Krone erheblich eingeschrumpft, ihr Prestige aber schien ins Grenzenlose zu wachsen. Die Monarchie war zum Symbol der Einheit und der historischen Kontinuität geworden. Das an Victoria persönlich gebundene Prestige aber strahlte wiederum eine politische Wirkungskraft aus, die nicht zu unterschätzen war.

Königin Victoria gab einer Epoche ihren Namen, deren Klischees den Reibungswiderstand der Zeitströmung bilden. Dies erschwert den Versuch, den historischen Wesenskern des Viktorianismus allgemein gültig zu formulieren – eine Einschränkung, die bekräftigt, dass sich eine «gute, alte Zeit» vornehmlich im Mythos

Als Motor technologischer, ökonomischer und sozialer
Veränderungen beeinflusste die industrielle Revolution den
politischen Wandel des viktorianischen Zeitalters nachhaltig.
Industrieanlagen in Wolverhampton («Black Country»).
Holzstich von W. J. Palmer, 1866

als wertbeständige Einheit vorstellt. Seine Lebenskraft bezog der
Viktorianismus – der Begriff tauchte erstmals 1851 auf und wurde
seit dem goldenen Thronjubiläum 1887 zu einer festen Größe –
aus der bürgerlichen Mittelklasse der Industriellen und Großkauf-
leute, der höheren Beamtenschaft und der Angehörigen freier Be-
rufe, die etwa ein Drittel der Bevölkerung ausmachte. Den Wurzelgrund dieser Existenzform bildete eine protestantisch eingefärbte
Pflicht- und Berufsethik, die das Leben als Kampf definierte und
den materiellen Erfolg als Ausweis göttlicher Gnade. Nicht ohne
Selbstgefälligkeit ließ sich der Bürger die eigene Lebensführung
von der Heiligen Schrift bestätigen; er pflegte seine Seele bei
abendlicher Andacht und sonntäglichem Kirchgang, um sich
dann in den «Sachzwängen» des Alltags desto robuster durchzusetzen. Es herrschte eine Honoratioren-Religiosität, die es im
Sinne einer «social correctness» zu beachten galt. So produzierte
der Opportunismus eine Atmosphäre der Heuchelei, die den

Schein als Sein ausgab und zu einem Doppelleben verführte. Verleugnung des persönlichen Wertesystems um des beruflichen Vorteils willen verweist jedoch auf einen selbstbetrügerischen Zivilisationsdefekt, der zu allen Zeiten Konjunktur hat. Was als typisch viktorianische Variante gelten kann, war eine Form von scheinheiliger Selbstgerechtigkeit, die religiösen Konformismus mit zivilisatorischem Sendungsbewusstsein, wirtschaftlichen Allmachtsphantasien und technisch-wissenschaftlicher Fortschrittsgläubigkeit durchmischte und mit einer gehörigen Portion Snobismus würzte.

«Moral ist einfach die Haltung, die wir gegen Leute einnehmen, von denen wir persönlich nicht erbaut sind»[3], spottete Oscar Wilde. Was das betraf, fand sich für Königin Victoria mancherlei Gelegenheit, «not amused» zu sein. Doch ging es dabei nicht nur um persönliche Entrüstung, sondern um ein bürgerliches Dogma, das den Moralbegriff zuvörderst aus dem Umgang mit der Sexualität ableitete. Keuschheit galt als ein Indikator körperlich-seelischer Gesundheit, als eine Art Zeugnis sittlicher Reife – ein zivilisatorischer Gedanke, der unter dem Schock der Evolutionstheorie von Charles Darwin an Intensität noch gewann. Denn nichts verunsicherte das Selbstwertgefühl mehr als die Vorstellung, den Menschen als Krone der Schöpfung entthront und seine biologische Entwicklungsgeschichte in die des Tierreichs einbezogen zu sehen. Der Mann als der geborene Herrscher, die Frau als die geborene Beherrschte – in dieser aus Bibelzitaten und pseudowissenschaftlicher «Gesetzmäßigkeit» gezimmerten Geschlechterhierarchie von Obrigkeit und Untertan war die körperliche Vereinigung allein um der Fortpflanzung willen zulässig. Wundersamerweise durfte sich selbst die verheiratete Frau den Adel der Keuschheit zuerkennen, da sie, wie es hieß, in der Intimität keine körperliche Lust verspürte. Und so ergab sich ein Anbetungsritual der «Reinheit» als Sinnbild heiliger Liebe, die sich von den Übeln der Sexualität zu befreien wisse. Also war es nur recht und billig, vom Gatten die Rückkehr zur vorehelichen Keuschheit zu fordern, sobald die Partnerin ihre Gebärfähigkeit verloren hatte. Dieser von Ängsten durchsetzte Moralkodex presste die Geschlechter in ein enges Korsett von Konventionen, aus dem man sich nur befreien konnte, wenn man das Risiko der Entdeckung und damit Skandal und gesellschaftliche Ächtung in Kauf nahm. Wo aber der Extremismus seine Geißel schwingt, da lässt der Gegenentwurf der Subkultur nicht auf sich warten: aus der Heiligen wurde eine Hure, aus Keuschheit Prostitution.

Diese leib- und lustfeindliche Moral, deren Quellen in der evangelischen Erweckungsbewegung zu suchen sind, war weder neu noch prinzipiell viktorianisch. In England wurde sie jedoch mit einer Rigorosität eingeklagt, dass sie der Spekulation, unter solchem Druck müsse die Tugend zwangsläufig am Laster ersticken, erst richtig Vorschub leistete. Kein Wunder, dass diese Spekulation die voyeuristische Neugier der Nachwelt stimuliert hat; doch ob die öffentlich verordnete Tugendhaftigkeit die privaten Ausschweifungen geradezu explodieren ließ, wie man dem Viktorianismus gern unterstellt, entzieht sich de facto gesicherter Erkenntnis. Die Sexualmoral stellte freilich so hohe Ansprüche, dass Prüderie und Heuchelei auf ein und dieselbe Medaille gemünzt wurden. Königin Victoria setzte diese Zeitströmung nicht in Gang, aber sie ließ sich, vom Prinzgemahl eifernd unterstützt, von ihr forttragen und machte sie hoffähig. Wo sich Gelegenheit fand, nahm sie die Brandmale eines Charakters genau unter die Lupe, was bisweilen hoffnungsträchtige Karrieren erstarren ließ.

So wirkungsmächtig die Reformfähigkeit in Staat und Gesellschaft war, so unübersehbar waren doch auch deren Grenzen. Religion und Moral, deren strenge Wertmaßstäbe keinerlei öffentliche Normabweichung ohne persönliche Folgen duldeten, machten dies deutlich. Der Konflikt zwischen individueller Freiheit und den Ordnungsanforderungen der Gemeinschaft wurde zu einem zentralen Problem der politischen Fortschrittsidee, deren ethische Grundlagen John Stuart Mill maßgeblich formulierte. Für Mill war der Mensch ein «fortschreitendes Wesen»[4], das bürgerliche Freiheit als Selbstverantwortung begreift, in der sich das Individuum entfaltet, wobei der Einzelne seine soziale Anpassung nur insoweit akzeptiert, als sie im Sinne des sozialen Nutzens die gesellschaftliche Wohlfahrt fördert. Dieses Nützlichkeitsprinzip maß den moralischen Wert einer Handlung an ihren Folgen. In der Praxis jedoch geriet das Spannungsverhältnis zwischen gesellschaftlichem Konformismuszwang und individueller Entfal-

Der technische Fortschritt leuchtet: Londons erste Bogenlampen auf dem Maison-Platz. Holzschnitt

tungsfreiheit in eine dramatische Schieflage, da der Staat kaum über wirksame wirtschaftliche und soziale Regulierungsmechanismen verfügte, die zu einem Ausgleich hätten zwingen können. Der Widerspruch ließ sich nicht auflösen.

Die Industrialisierung brachte den Lärm in die Welt. Als Victoria geboren wurde, bestimmte noch die Postkutsche den Rhythmus der Zeit; als sie starb, hatte die Eisenbahn das Verkehrswesen revolutioniert, fuhren die ersten Autos durch Londons Straßen, und von Aeroplanen hieß es, sie könnten die Mobilität der Menschen bald ins Unbegreifliche steigern. Die Herrscherin erlebte den Siegeszug des Telegrafen, die Annehmlichkeiten der Elektrifizierung und der Telefonverständigung, sie ließ ihre Stimme auf eine neumodische Grammophonplatte ritzen (die verloren ging) und umgab sich mit zahllosen Familienbildern, die von Fotoapparaten hergestellt worden waren. Nähmaschinen erleichterten die Textilherstellung, Schreibmaschinen den bürokratischen Aufwand.

Der technische Fortschritt boomte und eröffnete Perspektiven, wie sie keinem Jahrhundert zuvor gegönnt worden waren. Der

Vergleich der Gegenwart mit der Vergangenheit ließ an eine Zukunft glauben, in der sich eine neue, höhere materielle Entwicklungsstufe der Zivilisation vollenden werde. Hier stellte sich der Fortschritt nicht als zähe, langwierige, von Rückschlägen und Widersprüchen geplagte Auseinandersetzung um politische Zielsetzungen dar, sondern als optimistische Zukunftserwartung, die sich an technischen Erfindungen und naturwissenschaftlichen Entdeckungen orientierte. Der Treibstoff dieses Optimismus bestand aus technischer und administrativer Begabung, Praxisnähe, Anpassungsvermögen und Tatkraft. Zauberlehrlingseffekte hatten allenfalls poetische Relevanz, aber keinen Wirklichkeitsbezug. Das Zeitgefühl der Menschen steigerte sich gleich zweifach: durch die erhöhte Entwicklungsgeschwindigkeit der Erfindungen und durch deren Nutzanwendung. Die subjektiv empfundene Schnelllebigkeit der Zeit, die es inzwischen zu olympischer Reife gebracht hat, absolvierte damals ihre ersten Trainingsstunden.

So ausdauernd Königin Victoria auf die Politik ihres Landes, insbesondere die Außenpolitik, Einfluss zu nehmen versuchte, der gesellschaftliche Wandel ließ sie weitgehend unberührt. Ob Großbritanniens Geschichte in diesen sechs Jahrzehnten ohne dieses Königtum eine grundsätzlich andere Verlaufsform gefunden hätte, darf füglich bezweifelt werden. Victoria hat ihrer Epoche den Namen gegeben, aber sie hat sie nicht entscheidend geprägt.

Jugend im Abseits

Wer hätte daran zweifeln wollen, dass die sieben überlebenden Söhne König Georges III. das Haus Hannover, das seit 1714 das britische Königreich und das Kurfürstentum Hannover (seit 1814 Königreich) in Personalunion regierte, großzügig mit legitimem Nachwuchs versorgen würden? Als aber im November 1817 die einzige Thronanwärterin in der Enkelgeneration, Prinzessin Charlotte, nach einer Totgeburt im Wochenbett starb, war die Dynastie für die weitere Erbfolge nicht mehr gerüstet. Von Charlottes Eltern, dem Thronfolgerpaar George und Karoline, neuerlich Nachwuchs erwarten zu wollen, war schon wegen des fortgeschrittenen Alters der Princess of Wales aussichtslos, abgesehen davon, dass diese Ehe seit Jahr und Tag einem hasserfüllt umkämpften Kriegsschauplatz glich. Die Ehen der Herzöge Frederick von York und Ernest von Cumberland waren kinderlos, und August von Sussex hatte zweimal unstandesgemäß geheiratet. Die Herzöge William von Clarence, Edward von Kent und Adolph von Cambridge indessen dachten an keine legitime Bindung – was nicht hieß, dass man sich die Annehmlichkeiten einer eheähnlichen Gemeinschaft versagt hätte. Im Parlament von Westminster war man freilich nicht mehr bereit, die ungeordneten Verhältnisse der Herren Junggesellen hinzunehmen. Es war an der Zeit, dass sie endlich für ihre Apanagen eine Gegenleistung erbrachten, standesgemäß heirateten und ihren dynastischen Zeugungspflichten nachkamen. Während sich August von Sussex in seinem gewohnten Lebensrhythmus nicht stören ließ, entwickelten William, Edward und Adolph, nicht zuletzt von der Aussicht auf eine Erhöhung der staatlichen Dotationen inspiriert, plötzlich allen Ehrgeiz, der parlamentarischen Aufforderung zu genügen. Alle drei standen im selben Jahr, 1818, vorm Traualtar, alle drei wurden im Jahr darauf Vater eines legitimen Kindes, sodass man hätte glauben können, die schon etwas ältlichen Ehemänner hätten sich auf einen Zeugungswettbewerb eingelassen. Am 26. März 1819 kam die Herzogin Augusta von Cambridge in Hannover mit einem Knaben

Karikatur über den plötzlichen Heirats- und Zeugungswettbewerb im Hause Hannover

namens Georg nieder, am folgenden Tage, ebenfalls in Hannover, die Herzogin Adelaide von Clarence mit einer Tochter, die nach wenigen Stunden jedoch starb, und am 24. Mai 1819 in London die Herzogin Viktoria von Kent mit einer Tochter, die auf den Namen Alexandrina Victoria getauft wurde. Dass drei Tage später dem bislang kinderlosen Herzogspaar Cumberland in Berlin ein Sohn, der spätere König Georg V. von Hannover, geboren wurde, vervollständigte die Liste der Zeugungserfolge im Hause Hannover. So rangierte nach dem gegenwärtigen Stand der Dinge in der Enkel-Thronfolge die Kent-Tochter Alexandrina Victoria vor dem Cumberland- und dem Cambridge-Sohn. Doch nichts war entschieden. Sollte William von Clarence, Edwards älterer Bruder, noch einmal Vater werden, dann würde Alexandrina Victoria auf den zweiten Platz verwiesen werden; und nicht anders wäre die Konstellation für das Mädchen, wenn Clarence ohne Erben bliebe, die Kents aber noch einen Sohn bekämen.

Liebe als Sinnerfüllung einer Ehe ist ein zutiefst romantischer Gedanke, der mit den traditionellen Fürstenverbindungen nichts gemein hat. Dort ging es um dynastische, politische und materielle Interessen, die die Ehe als reine Zweckgemeinschaft auswiesen. Entsprechend gefühlsneutral begegneten sich auch die verwitwete Prinzessin Viktoria Marie Louise zu Leiningen, Tochter des Herzogs Franz von Sachsen-Coburg-Saalfeld, und ihr englischer Bräutigam Herzog Edward von Kent, der vierte Sohn König Georges III. Dessen Geisteskrankheit war mittlerweile derart manifest geworden, dass der Prince of Wales ihn ab 1811 als Prinzregent auf dem Thron vertreten musste.

Was die materiellen Erwartungen der Kent-Heirat betraf, ließ sich kein größeres Missverständnis denken. Falls die junge, verarmte Witwe des Fürsten Emich Karl zu Leiningen, dessen lächerlich winziges Ländchen in den napoleonischen Kriegen verwüstet worden war, geglaubt haben sollte, die englische Neuvermählung garantiere ihr und ihren beiden Kindern Karl und Feodora eine gut situierte Existenz, so sah sie sich gründlich getäuscht. Edward von Kent brachte als Morgengabe einen gewaltigen Schuldenberg von 200 000 £ in die Ehe ein. Viktoria sah sich zwar standesgemäß verheiratet, doch finanziell kam sie vom Regen in die Traufe. Und so blieben vom Glanz des Standes nur matte Flecken, was Kent dadurch zu kaschieren versuchte, dass er Ehe und Vaterschaft als patriotische Pflichterfüllung feierte, die die dankbare Nation gefälligst in Pfund und Shilling zu honorieren habe. Doch selbst die Erhöhung der Apanage auf 30 000 £ jährlich reichte bei weitem nicht aus, um in das finanzielle Chaos Ordnung zu bringen. (Erst Königin Victoria vermochte die Schulden des Vaters zu begleichen.) Dass sich der Herzog überhaupt über Wasser halten konnte, hatte er nur einem einflussreichen Freundeskreis von Whigs zu verdanken, deren politischen Liberalismus er teilte – was in jenen Jahren für ein Mitglied des Königshauses durchaus ungewöhnlich war.

Würde man Edward von Kent mit bürgerlichen Maßstäben messen, müsste man ihn eine verkrachte Existenz nennen. Bereits im Alter von 35 Jahren hatte seine Militärkarriere ein unrühmliches Ende gefunden. Das Strafgericht, das er über eine meuternde Garnison auf Gibraltar verhängt hatte, muss derart brutal und unmenschlich gewesen sein, dass selbst der eigene Bruder, der Herzog

Edward Herzog von Kent (1767–1820) nach einem Gemälde von George Dawe (Ausschnitt)

von York, als Oberkommandierender der Streitkräfte die Verabschiedung nicht hatte verhindern können. Der korpulente, glatzköpfige, zum Jähzorn neigende Fürst war eine schizophrene Persönlichkeit von exzessiver Sturheit. Als Soldat ließ er Gehorsam durch Grausamkeit einprügeln und schreckte auch vor sadistischen «Späßen» nicht zurück, wenn er beispielsweise Todeskandidaten erst unter dem Galgen begnadigte; als Privatmann pflegte er musische und literarische Interessen und präsentierte sich als Jünger der Aufklärung. Derselbe Mann, der seine Untergebenen exzessiv schindete, setzte sich für die Abschaffung der Sklaverei und die Emanzipation der Katholiken ein und unterhielt intensive Kontakte zu dem Frühsozialisten Robert Owen.

Kent war lebhaft davon überzeugt, dass seine große Stunde erst kommen werde. Standen die Zeichen nicht günstig? Sein greiser Vater vegetierte schattenhaft dahin; den Prinzregenten verachtete der Whig-Anhänger als dekadenten Lebemann, der seine Gesundheit ruinierte und den er genauso zu überleben hoffte wie

Viktoria Herzogin
von Kent (1786–1861)
mit ihrer Tochter
Victoria nach einem
Gemälde von Sir
William Beechey aus
dem Jahre 1821

Bruder William, den Herzog von Clarence, den er als vorzeitig ge-
altertes geistiges Leichtgewicht einschätzte. Edward, Herzog von
Kent, sah sich also als künftigen Herrscher im Vereinigten Königreich – und wenn nicht er selbst den Thron besteigen würde, dann,
daran war nicht zu zweifeln, seine Tochter Drina. Die Erinnerung
an die Taufzeremonie aber trieb immer noch die Zornesröte ins
Gesicht. Unvergesslich blieb das Verhalten des verhassten Prinzregenten, der als Oberhaupt der Dynastie vor dem Altar den von den
Eltern gewünschten Vornamen Elisabeth verweigert und eine
Alexandrina dekretiert hatte, nur weil der russische Zar Alexander I. formell die Patenschaft übernommen hatte; und mit welch
gnädiger Herablassung er den zweiten Vornamen Victoria, den Namen der Mutter, zugestanden hatte, kam einer Beleidigung gleich.
«Nehmt sie in Acht, denn sie wird Königin von England»[5], wurde
zur stehenden Redewendung des stolzen Vaters.

Die Rücksichtnahme, die Kent für die künftige Herrscherin
forderte, war ihrer Mutter acht Wochen vor der Niederkunft ver-

sagt geblieben. Nach der Hochzeit hatte das Herzogspaar aus Sparsamkeitsgründen das hauptstädtische London mit dem provinzdüsteren Amorbach vertauschen müssen. Als Viktoria jedoch schwanger wurde, bestand Edward, koste es was es wolle, auf der Rückkehr nach London, da das erwartete Kind natürlich als Engländer geboren werden sollte. Die Göttinger Gynäkologin Dr. Charlotte Siebold half der Hochschwangeren, die Strapazen der vierwöchigen Kutschfahrt zu bewältigen.

Bald nach der Geburt, die Mutter und Tochter am 24. Mai 1819 in Kensington Palace gut überstanden hatten, kehrte die Ärztin nach Deutschland zurück, um auch die Gattin des Herzogs von Sachsen-Coburg-Saalfeld bei der Niederkunft zu betreuen. Am 26. August 1819 brachte Prinzessin Luise auf Schloß Rosenau ihren zweiten Sohn zur Welt, der auf die Namen Albert Franz August Karl Emanuel getauft wurde. Dereinst sollten die Lebenswege der beiden Kinder planmäßig zusammengeführt werden. Als sich die jungen Leute schließlich begegneten, hatten sie, jeder auf seine Weise, eine für ihre seelische Entwicklung wichtige Erfahrung gemacht: Victoria den Verlust des Vaters, der, trotz seiner angeblich robusten Gesundheit, acht Monate nach ihrer Geburt an den Folgen einer Lungenentzündung mit 52 Jahren verstorben war; Albert den Verlust der Mutter, die nach einer unglücklichen Ehe und demütigender Scheidung den Fünfjährigen und seinen älteren Bruder am Coburger Hof hatte zurücklassen müssen und im Alter von 31 Jahren in Paris einem Krebsleiden erlegen war.

Als Kent starb, lehnte es der Prinzregent, der gerade als George IV. den Thron bestiegen hatte, kategorisch ab, die kleine Familie seines Bruders mit mehr als 300 £ finanziell zu unterstützen. Sollte die ungeliebte Schwägerin mit ihrer Brut doch ins odenwäldische Amorbach zurückkehren, wo sie hingehörte. Doch die kleine, dralle, lebenstüchtig-kämpferische Person dachte keine Sekunde daran, dem Druck des Schwagers nachzugeben. Ihre Entscheidung war unmissverständlich: Drina sollte in dem Land erzogen werden, dessen Krone sie vielleicht dereinst tragen würde. Ohne den organisatorischen Beistand und die finanzielle Hilfe ihres Bruders, des Prinzen Leopold von Sachsen-Coburg-Saalfeld, der als Witwer der Prinzessin Charlotte über eine jährliche Apanage von 50 000 £ verfügte, wäre es der Herzogin jedoch

sehr schwer gefallen, ein halbwegs standesgemäßes Leben zu führen. Gleichwohl ließ das Königshaus keine Gelegenheit aus, die
Witwe ihren Status als arme Verwandte spüren zu lassen.

Es heißt, eine Tochter fühle sich zum Vater hingezogen, ein
Sohn zur Mutter. Für Drina traf diese unbewiesene Regel zu, was
umso schmerzlicher war, da der Vater fehlte. Er blieb ein Sehnsuchtsmotiv, das Victoria auch als erwachsene Frau nicht losließ.
Glücklicherweise gab es einen Ersatzvater, der auf die Entwicklung des Kindes Einfluss nahm: Prinz Leopold, der coburgische
Onkel. Als kluger, gebildeter und weitsichtiger Ratgeber setzte er
in der von Frauen dominierten Erziehung einen nicht unwesentli-
chen Kontrapunkt, den er auch dann noch zur Geltung brachte,
als ausführliche Briefe den persönlichen Kontakt ersetzen mussten. Denn im Juni 1831 wählte der Brüsseler Nationalkongress den
Coburger zum König der Belgier. Drina bewunderte und liebte
ihren Onkel, fühlte instinktiv, dass sie in einer Art geleitet wurde,
die ihren Erfahrungshorizont behutsam erweiterte.

Soweit man Drina, die ihr Herz auf der Zunge trug und mit
ihrem eigenwilligen Dickkopf ihre Umgebung in Atem hielt, zäh-

König Leopold I. von
Belgien (1790–1865),
Victorias Onkel,
erster Ersatzvater und
Ehestifter. Kolorierter
Stahlstich nach einer
Fotografie, um 1860

Louise Baronesse Lehzen (1784–1870) nach einer Zeichnung ihrer Schülerin Victoria. Als dilettierende Zeichnerin zeigte später auch die junge Königin einiges Geschick.

men und zu tugendhaftem Verhalten wie Pünktlichkeit, Disziplin, Ordnung und Schicklichkeit anhalten konnte, war dies allein der Baronesse Lehzen vergönnt. Die prinzipienfeste Pastorentochter aus Langenhagen hatte der Herzogin schon bei Feodoras Erziehung beigestanden, sodass es nahe lag, sich ihrer Unterstützung auch jetzt wieder zu versichern. Die geradezu schwärmerische Verehrung, die Drina der Lehzen entgegenbrachte, war nicht zuletzt als Reaktion auf den lästigen Behütungszwang durch die Mutter zu verstehen. Alles und jedes unterwarf die Kent ihrer Kontrolle und Überwachung. Es gab weder spontane Kontakte zur Außenwelt noch intensivere Beziehungen zu anderen Kindern, weder Anregungen zur Förderung der Phantasie noch Denkanstöße zur Entwicklung von Vergleichsmaßstäben. Das Tagebuch, das Drina seit dem dreizehnten Lebensjahr führen musste, ließ sich nur mit Alltäglichkeiten füttern. Der Blick aus Kensington Palace blieb stumpf und langweilig.

Da dem «konkurrierenden» Herzogspaar Clarence lebensfähiger Nachwuchs verwehrt blieb, bewilligte das Parlament 1825 für Drinas Erziehung und Unterhalt jährlich 6000 £. An der Anwartschaft auf den Thron konnte es kaum noch Zweifel geben. Mit elf Jahren entdeckte Drina bei der Betrachtung einer Stammtafel ihre künftige hohe Stellung. Ihre Reaktion: *Ich will gut sein.*[6] Die Ausbildung freilich war genauso wenig methodisch gründlich auf den künftigen Beruf zugeschnitten wie die Erziehung. Viel biblische Unterweisung, Studium alter und moderner Sprachen, Tanz-, Gesangs- und Zeichenunterricht, sodann Geschichte, Geographie und mancherlei Erbauungsliteratur – doch dürften sich Lernanforderung und Lernbereitschaft gleichermaßen in Grenzen gehalten haben. Ein solides Bildungsfundament ließ sich durch diesen Unterricht jedenfalls nicht legen.

Während sich in Drinas Kindheit der an Zucht und Ordnung orientierte Lebensstil des Bürgertums als gesellschaftliche Norm durchzusetzen begann, ließ der Hof von St. James keine Gelegenheit aus, um sich zu kompromittieren. Affären, Skandale, Spielwütigkeit und Verschwendungssucht brachten einen König in Verruf, der seine politische Unfähigkeit durch Arroganz zu überspielen versuchte. Da Dekadenz zu den ansteckenden Krankheiten einer Gesellschaft gehört, fehlte es in der Aristokratie nicht an Kopisten, die es dem «Ersten Gentleman Europas» – so die Würde, mit der sich George IV. selbst belehnte – gleichtun wollten. Als der Gentleman 1830 starb, schrieb die «Times»: «Nie ist eine Person von den Mitmenschen weniger betrauert worden als der verstorbene König.»[7]

Nächster Kronanwärter war der fünfundsechzigjährige Herzog von Clarence, der als William IV. sein Königtum antrat. Gleichzeitig wurde die Kent-Tochter Alexandrina Victoria offiziell als Konprinzessin anerkannt und fortan mit der Anrede «Königliche Hoheit» ausgezeichnet. Ein Gesetz bestimmte Viktoria von Kent, ihre Mutter, zur Regentin, falls der König vor Drinas achtzehntem Geburtstag, dem Tag ihrer Volljährigkeit, das Zeitliche segnen sollte. Dass William der Monarchie zu neuem Ansehen verhelfen würde, stand nicht zu erwarten. Dafür war er eine zu burleske Natur. Schroff, sprunghaft, tückisch und unbeherrscht, aber auch jovial, freundlich und gutartig, vereinte er in seinem

Charakter alle Gegensätzlichkeiten einer unsicheren Natur. «Sailor Billy», so der auf eine seemännische Karriere verweisende Spitzname des Herrschers, trug eine glanzlose Krone.

König und Schwägerin pflegten ihre gegenseitige Abneigung mit geradezu liebevoller Ausdauer, sodass sich die Hofgesellschaft mit reichlich Unterhaltungsstoff versorgt sah. Die Antipathie ließ der Phantasie freien Lauf, um dieses kuriose «Mensch, ärgere Dich!» mit interessanten Spielzügen immer wieder zu beleben und den Gegner neu zu reizen. Und wenn Sailor Billy über die üblen Berater wetterte, von denen sich die Schwägerin ihre Ränke einflüstern lasse, dann wusste jeder bei Hofe, wer gemeint war: König Leopold von Belgien, dieser sonderbare Mensch, der, wie sich William empörte, Wasser statt Wein zu trinken pflegte, und Sir John Conroy, der ehemalige Adjutant Edwards von Kent und nun die graue Eminenz der Herzogin. Sekretär, Majordomus, persönlicher Berater und Vertrauter in Personalunion, war dieser Conroy die männliche Stütze, die die Herzogin so schmerzlich vermisst hatte. Dass er mit Viktorias Billigung versuchte, in die Erziehung der Kronprinzessin einzugreifen, trug ihm den tödlichen Hass der Baronesse Lehzen ein. Denn die sah ihr ureigenstes Herrschaftsgebiet bedroht, und so scheute sie weder Intrigen noch Koalitionen, um sich des Eindringlings zu erwehren. Drina schlug sich natürlich auf die Seite der Lehzen, weil sie instinktiv spürte, wie Conroy versuchte, Macht über sie zu gewinnen. Dies wiederum vertiefte die Entfremdung zwischen Mutter und Tochter. So argwöhnisch Drina den selbstherrlichen Conroy beobachtete, so argwöhnisch verfolgte die Herzogin das Verhalten des Königs, der ihre Tochter mit allen Zeichen der Huld bedachte und ihre Sympathie gewann.

In Kensington Palace standen sich zwei Parteien gegenüber: hier die Herzogin und Sir John Conroy, dort Alexandrina Victoria und Baronesse Lehzen, deren Position durch das Wohlwollen, das ihr der König entgegenbrachte, abgesichert war. Die Lehzen regierte die Kronprinzessin, Conroy regierte die Herzogin, die Herzogin versuchte, die Kronprinzessin zu regieren, und Conroy über die Herzogin die Kronprinzessin. Da William IV. vor der Zeit partout nicht sterben wollte und damit die ersehnte Regentschaft illusorisch wurde, spekulierte die Kent auf die Thronbesteigung ihrer Tochter. Deren Unerfahrenheit mache Lenkung und Leitung

Die dreizehnjährige Kronprinzessin Victoria.
Ölgemälde von Sir George Hayter, 1833

nachgerade zwingend. Wem sonst aber könne diese wichtige Aufgabe zufallen als der Mutter? Conroy gab sich mit solchen Spekulationen nicht zufrieden. Um seine künftige Rolle als Ratgeber der
Königin von Großbritannien und Irland vorzubereiten, legte er
Drina eine «Vereinbarung» zur Unterschrift vor, in der sie sich
verpflichten sollte, bei ihrem Herrschaftsantritt den derzeitigen
Haushalt der Herzogin zu übernehmen, also auch Sir John Conroy.

Obwohl das Mädchen das verwickelte Quidproquo dieses Macht-
kampfs nur schwer zu durchschauen vermochte, tat sie das Rich-
tige: Sie lehnte mit aller Entschiedenheit ab. Verfassungsrechtlich
wäre ihre Unterschrift die Tinte nicht wert gewesen, und was als
Überraschungscoup gedacht war, war nichts anderes als die heil-
los plumpe Anmaßung eines vom Ehrgeiz verblendeten Karneris-
ten. Drina hat Conroy diese Dreistigkeit nie vergeben.

Sich während der Pubertät und der ersten unsicheren, tastenden Jahre danach im Fadenkreuz unterschiedlicher Interessen behaupten zu müssen, mochte die geistige Reife der Kronprinzessin
fördern, doch gewiss nicht ihr seelisches Gleichgewicht. Je mehr
Menschen auf sie einzuwirken versuchten, desto einsamer wurde
sie. Es wird nicht wenige Stunden der Niedergeschlagenheit gegeben haben, in denen sie Onkel Leopold aus dem fernen Brüssel
herbeisehnte. Doch hatte der Onkel immerhin seinen Freund, den
coburgischen Arzt Baron Christian Friedrich von Stockmar, als
Stellvertreter nach London entsandt, einen Mann, der mit Diplomatie, Sachverstand, Durchsetzungsvermögen und Takt hinter den
Kulissen auftragsgemäß die Fäden zog, sodass es Conroy mit einem
Gegner zu tun bekam, den er nicht zu fassen vermochte. Später sollte Stockmar der Königin Victoria und vor allem dem Prinzgemahl
Albert als unentbehrlicher, uneigennütziger Ratgeber dienen.

Wie jedes andere Mädchen prüfte sich auch Drina mit fünfzehn, sechzehn Jahren im Spiegel. Das Ergebnis dieser Prüfung
hätte keinen Dichter in schwärmerische Begeisterung versetzen
können, und Drina war viel zu aufrichtig und selbstkritisch, als
dass sie sich etwas vorgemacht hätte. Als Schönheitskönigin war
mit ihr kein Staat zu machen. Schon die Zehnjährige hatte Lord
Greville eher bedauernd als spöttisch «ein etwas kurz geratenes,
gewöhnlich aussehendes Kind»[8] genannt – ein Eindruck, der sich
auch fünf, sechs Jahre später nicht verwischte. Ihre Konstitution
ließ bereits künftige runde Formen ahnen – eine Grunddisposi-
tion, die später durch neun Geburten und eine Körpergröße von
nur 1,50 Meter gefördert, den optischen Reizen Grenzen setzte.
Spätestens mit 40 Jahren musste man ihre Gestalt schlicht korpu-
lent nennen. Kein Zweifel, dass Victoria dieses mütterliche Erbteil
zu schaffen machte. Natürlich wussten die Hofmaler gerade auf
den Jugendbildnissen das Unvorteilhafte der Konstitution ge-

schickt zu kaschieren. Das von dunkelblonden Haaren gerahmte Gesicht des Mädchens war indessen durchaus reizvoll – vielleicht nicht schön im landläufigen Sinn, aber ausdrucksstark. Ihre blauen Augen betrachteten die Welt alles andere als blauäugig, sondern voller Neugier und Skepsis.

Als Drina im Mai 1837 volljährig wurde, hatte William IV. eine schwere Krankheit gerade glücklich überstanden, doch blieb der Gesundheitszustand bedenklich labil. Anfang Juni war das Ende abzusehen. Der einzige Wunsch, noch einmal den 18. Juni, den Tag der Schlacht von Waterloo, zu erleben, wurde dem König erfüllt. Am 20. Juni 1837 eilte ein Kurier mit der hastig verfassten Mitteilung nach Brüssel: *Teuerster, geliebtester Onkel! Zwei Worte nur, um Dir mitzuteilen, dass mein armer Onkel, der König, heute in der Frühe 12 Minuten nach 2 Uhr verschieden ist. Um 6 Uhr überbrachten mir Lord Conyngham und der Erzbischof von Canterbury die traurige Nachricht. Ich erwarte jeden Augenblick Lord Melbourne, um 11 Uhr halte ich eine Kabinettssitzung ab. Stets, mein geliebter Onkel, deine ergebene und anhängliche Nichte Victoria R.*[9] Aus Drina war Alexandrina Victoria geworden, allerdings nur bis zur offiziellen Königsproklamation, die als einziges Dokument der Herrscherin den Doppelnamen als Unterschrift trägt. Dann befreite sich Victoria von dem aufgezwungenen Patenschaftsnamen Alexandrina. Das schlichte «R» aber, die Abkürzung für Regina, markierte die tiefe Lebenszäsur.

Als Lord Conyngham an diesem frühen Morgen in Kensington Palace vor Königin Victoria niederkniete und ihre Hand küsste, ging eine 123 Jahre während Personalunion zwischen dem Vereinigten Königreich und dem Königreich Hannover zu Ende. Das salische Hausgesetz verweigerte in Hannover die weibliche Erbfolge, sodass dort die Krone auf den Ältesten der derzeit noch lebenden Söhne Georges III. überging, auf Herzog Ernst von Cumberland. Cumberland galt als übler Reaktionär, was er nach seinem Regierungsantritt denn auch sofort unter Beweis stellte. Als erste Amtshandlung verfügte er die Aufhebung der hannoverschen Verfassung.

Weniger folgenreich war Victorias erste «Amtshandlung». Noch am selben Tag befahl sie, ihr Bett aus dem Zimmer ihrer Mutter zu entfernen und damit die achtzehn Jahre dauernde Schlafgemeinschaft aufzuheben. Endlich allein!

Die jungfräuliche Königin

Die Parlamentseröffnung im November 1837 war Victorias erster großer Staatsauftritt.

Ich traf um 2 Uhr ein und wurde nach der Bibliothek geleitet – alle Großwürdenträger, der Lord Kanzler, der Lord Präsident, der Lord Groß-siegelbewahrer schritten mir voran – Lord Melbourne ging dicht vor mir und trug das Reichsschwert. In der Bibliothek legte ich den Staatsmantel an, die vorher erwähnten Herren, ebenso die Damen und Herren meines Gefolges waren dort versammelt, dann betraten wir in feierlicher Prozes-sion das House of Lords – die Reihenfolge war die gleiche wie vorher – und ich ließ mich auf dem Thron nieder. Lord Melbourne stand dicht neben mir zu meiner Linken. Ich fühlte mich sehr beruhigt und war sehr zufrieden, diesen ausgezeichneten Mann bei einer so feierlichen, öffentlichen Gele-genheit neben mir zu haben.[10] Lord Greville, ein prominenter Augen-zeuge dieser Galaszene, war überrascht, welche Würde und Selbst-beherrschung die blutjunge Victoria während ihrer Rede aus-strahlte. «Die Majestät und Anmut ihres Auftretens lässt ihre kleine Statur völlig vergessen.»[11] Doch wer glauben mochte, hier stelle sich ein Naturtalent der Repräsentation vor, der übersah die Heimsuchungen des Lampenfiebers. Glücklicherweise ließ es sich kompensieren. Die jugendliche Queen wusste, *dass ein Freund bei mir ist, wenn ich gewissermaßen so allein unter lauter Fremden bin*[12].

Der Freund, der diese Sicherheit schenkte, war William Lamb, 2. Viscount Melbourne, den die Königin als Premierminister von ihrem Vorgänger «übernommen» hatte. Der achtundfünfzigjäh-rige Witwer war ein amüsanter Plauderer, der auch Belanglo-ses souverän zu servieren wusste, zudem hoch gebildet und ver-schwenderisch in seinem Wissensreichtum. Sein Esprit und seine Ironie brillierten mit geradezu lässiger Eleganz – ein vollendeter Hofmann. Mochten König Leopold und Baron Stockmar als ehrli-che Makler Victorias Interessen noch so solide vertreten und ihre Lehrzeit als Monarchin pädagogisch gestalten wollen – was galten deren staubtrockene Unterweisungen und Ermahnungen gegen die funkelnde Sprache dieses exquisiten Gentleman! Die jungfräu-

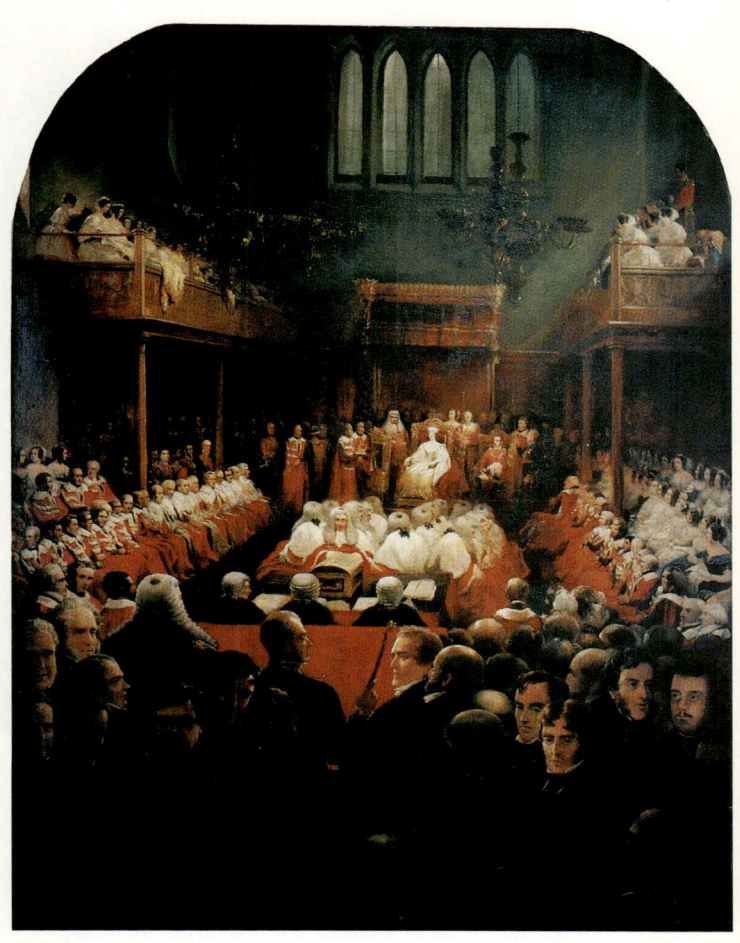

Eine der relativ wenigen Parlamentseröffnungen, die Königin
Victoria mit ihrer Anwesenheit beehrte, hat Alexander Blaikley
1845 in einem Ölgemälde überliefert.

liche Königin hing an seinen Lippen. Auch wenn er gelegentlich
im abendlichen Kreise einzunicken pflegte – ein Vater darf das. Ein
Vater wird geliebt. Und da Melbourne von Victoria geliebt wurde
und in ihrem Beisein ein kurzes Nickerchen halten durfte, war dies

Beweis genug, dass sie endlich wieder einen Vater hatte, zu dem sie aufsehen konnte, der sie die Welt lehrte und Halt gab. Wenn man dann noch gemeinsam das Abendmahl nahm oder Melbourne bei feierlichen Anlässen seinen Schützling väterlich bewegt anblickte und dabei seine Augen feucht wurden, dann wurden Momente familiären Einverständnisses sichtbar, wie sie Victoria im Hause Hannover nie erlebt hatte. Und da man einen Vater natürlich nicht «absetzen» kann, war es für Victoria ein schier unerträglicher Gedanke, irgendwann einmal ohne seinen Schutz auskommen zu müssen, weil ein anderer sein Amt okkupieren würde. Kein Zweifel: ein Tag ohne Melbourne war ein verlorener Tag. Die Presse kolportierte die Beziehung zwischen Queen und Premier mit gewohnter Respektlosigkeit. Wenn von «Mrs. Melbourne» die Rede war, wusste jeder Leser, welche Mistress gemeint war …

Natürlich war auch bei den Krönungsfeierlichkeiten im Sommer 1838 Lord Melbournes Rolle nicht auf seine offizielle Amtsfunktion beschränkt. Seine Anwesenheit nächst dem Thron gab Sicherheit im Ablauf des fünfstündigen Zeremoniells, das die Königin ungeprobt, doch konditionsstark überstand. Die Rituale waren kompliziert, langwierig und nicht frei von Pannen. Der gebrechliche Lord Rolle *fiel, als er versuchte, die Treppe zum Thron zu ersteigen, und rollte ganz hinunter;* in der St.-Georgs-Kapelle sollte der Erzbischof *mir den Reichsapfel überreichen,*

Du bist jetzt Königin des mächtigsten Landes in Europa; in Deiner Hand liegt das Glück von Millionen. Ich hoffe, Deine Regierung wird lang, glücklich und glorreich sein, und Deine Bemühungen werden durch die Dankbarkeit und Liebe Deiner Untertanen belohnt werden.
Alberts Glückwünsche zu Victorias Thronbesteigung

Königin Victoria nimmt nach ihrer Krönung die Huldigungen des Adels entgegen. Gemälde von Sir George Hayter, 1838

ich hatte ihn aber schon; leider hatte der Erzbischof den Ring auf den falschen Finger gesteckt, *infolgedessen hatte ich die größte Mühe, ihn wieder abzuziehen, was mir schließlich nach großer Mühe und Schmerzen gelang.* Und dennoch: *Die Begeisterung, Liebe und Ehrerbietung war wirklich rührend, ich werde stets dieses Tages gedenken als des stolzesten meines Lebens!*[13] Unvergesslich war natürlich der Augenblick, als die Königin auf dem St.-Edward-Thron Platz nahm, die Dalmatica angelegt und die Krone ihr aufs Haupt gesetzt wurde. Lord Melbourne war zu Tränen gerührt. Den Handkuss der Huldigung erwiderte seine Herrin mit einem innigen Händedruck.

Dieser Gleichklang der Seelen blieb auch in der Politik nicht ohne Resonanz. Victorias Bekenntnis zu den Whigs, durch die Familientradition der Kents schon vorgebildet, erhielt durch ihren Enthusiasmus für den Whig Melbourne eine neue Qualität. Ja, «regierte» sie nicht, recht besehen, mit ihrem Premierminister das Land gemeinsam? So notierte sie nach einem parlamentarischen Sieg Melbournes mit Genugtuung die Meldung, *dass wir eine Mehrheit von 19 Stimmen hätten*[14]. Die eigentümliche Suggestivkraft dieses «Wir» war unverkennbar, und der Lord bequemte sich nur sehr gemächlich und halbherzig, diesen falschen Eindruck zu korrigieren. Victorias Parteilichkeit entsprach zwar nicht dem Geist der Verfassung, die den Souverän zur Neutralität verpflichtete, doch hatten sich schon die Vorgänger nicht an diesen Grundsatz gehalten.

Melbourne betrieb vor der Welt ein Maskenspiel, das ein Glückskind der Göttin Fortuna ausstellte und einen zum Melancholiker gereiften Skeptiker verbarg, dessen politischer Gestaltungswille durch das Wissen um die Vergeblichkeit aller menschlichen Bemühungen eingeschnürt wurde. Und so gab sich der edle Lord, der eher ein Mann des 18. als des 19. Jahrhunderts war, in seiner Politik genauso lässig seigneural wie in seinem Auftreten. Was er seiner Schülerin an politischer Unterweisung bot, blieb Stückwerk, dem Zufall des Augenblicks überlassen.

Wenn schon ein konzentriertes Studium der letzten Jahrzehnte der politischen Geschichte unterblieb, wie es Onkel Leopold anmahnte, so wäre immerhin eine genaue Kenntnis der umkämpften Reform-Bill von 1832 sinnvoll gewesen. Ihre historische Bedeutung als Beginn einer Entwicklung, die das oligarchische Repräsentationssystem des Adels schrittweise in eine parlamentarische Demokratie überführen sollte, blieb den Zeitgenossen naturgemäß verschlossen; doch dass sich in ihr der Zwang zu gesellschaftlich-politischen Veränderungen auf geradezu dramatische Weise fokussierte, machte der erbitterte Parteienkampf um ihre Durchsetzung deutlich. Die sozialen Missstände, verfestigt durch die protektionistische Kornzollpolitik der Landwirtschaft und durch den Strukturwandel der Städte infolge der industriellen Revolution, sowie die Forderung des Bürgertums nach Machtteilhabe hatten sich zu einem Konfliktpotential verdichtet, dessen Überdruck sich nur ventilieren ließ, wenn es gelang, den Umbau der Machtstrukturen einzuleiten. Mit der Reform-Bill, die das

Gemälde von Sir Francis Grant (Ausschnitt):
Die Monarchin beim Ausritt im Park von Windsor mit ihrem
verehrten Premierminister Lord Melbourne (1779 – 1848)

Wahlrecht auf das Besitzbürgertum erweiterte, war ein erster maßgeblicher Schritt getan. Die pragmatischen Whigs hatten sich gemeinsam mit der Radical Party Sir Francis Burdetts gegen die stockkonservativen Tories des Herzogs von Wellington, des Siegers von Waterloo, im Unterhaus durchgesetzt. Das zunächst ablehnende Oberhaus aber gab den Weg erst nach solch massiven Proteststürmen frei, dass man für einige Tage glauben mochte, das Land sei an den Abgrund einer Revolution geraten.

In den Gesprächen der achtzehnjährigen Königin Victoria mit Lord Melbourne war von dieser spannend-spannungsvollen Zeit nichts zu ahnen. Und auch der soziale Unfriede der Gegenwart schien einer intensiveren Betrachtung kaum wert zu sein. Was die Queen von der Welt draußen wusste, war herzlich wenig, und was die Welt von ihr wusste, nicht minder. Die junge Königin hatte anderes im Sinn, als die Nöte des Alltags zu studieren. Nach all den Jahren der Bevormundung und Einschließung endlich frei! Das Leben schien ein Märchen zu sein, und Victoria genoss es in vollen Zügen. Wer wollte es ihr verdenken? Schauspiel- und Opernbesuche und bis in die frühen Morgen durchtanzte Bälle – das war die Welt, in der sie sich wohl fühlte. Jammerschade nur, dass sie sich von dem Walzerfieber der Ballgäste nicht anstecken lassen durfte. Dieser neueste Modetanz, der die Partner so ungewohnt eng aneinander band, hatte Chic und Schwung und eine schwebende Eleganz, die der fesche Johann Strauß (Vater) mit seiner Wiener Kapelle bei den Gastspielen in Buckingham Palace meisterhaft auszuspielen verstand. Für eine jungfräuliche Königin aber wäre ein solcher Körperkontakt wider die Etikette gewesen. Keine Aufforderung zum Tanz im Dreivierteltakt also.

Dreißig Jahre später wollte Königin Victoria diese jugendlichen Harmlosigkeiten nicht mehr gelten lassen. 1869 schrieb sie: *Dieses Leben des bloßen Amüsements, der Schmeichelei, Aufregung und bloßen Politik hatte einen schlechten Einfluss auf ihr von Natur aus einfaches und ernstes Wesen (wie es dies auf jeden haben muss). Aber nach 1840 änderte sich alles …*[15] Nach 1840 mochte sich manches ändern, allein schon durch die Ehe, aber gewiss nicht alles. Ihrer Tanzleidenschaft gab sie auch weiterhin nach, sehr zum Leidwesen des Gatten, den ab zehn Uhr abends die Müdigkeit zu übermannen pflegte. Und was die Aufregungen betraf, die Victorias erste Schritte in der Politik auslösten, so konnten sie zwar in der Erinnerung noch dunkle Schatten werfen, aber hier sprach eine gereifte Frau ihr strenges Urteil über einen Teenager, der eine natürliche Unerfahrenheit für sich reklamieren durfte. Dass dieser Teenager seinen Willen jedoch mit sturem Trotz durchzusetzen versuchte, machte eine Charaktereigenschaft kenntlich, die auch die erwachsene Königin kaum je in den Griff bekommen sollte.

Da Victoria nicht weniger intensiv hasste wie sie liebte, wollte der Kleinkrieg mit der Mutter kein Ende nehmen. Obwohl Conroy mit Rente und Baronet-Titel großzügig abgefunden worden war, stand der herzogliche Haushalt weiter unter seinem Einfluss. Die Tochter reagierte mit Demonstrationen. Während Baronesse Lehzen, zur «Lady Attendant of the Queen» befördert, die Verantwortung für den königlichen Privathaushalt übernahm, blieb der Herzogin jegliche Einflussnahme verwehrt. Dass die Queen ihre Mutter geradezu demütigend behandelte, dürfte kaum allein mit Conroys aufdringlichem Karriereeifer zu erklären sein. Es muss zwischen der Kent und ihrem Majordomus zu Vertraulichkeiten gekommen sein, die Victoria zutiefst verstörten. Beleidigte Emotionen überschwemmten jede Versöhnungsbereitschaft.

Dass Lady Flora Hastings, eine Hofdame der Herzogin von Kent, zwischen die Fronten dieses Gefühlsaufruhrs geriet, hatte sie ihrer Unvorsichtigkeit zu verdanken. Nicht genug damit, dass sie ausgerechnet über die Lehzen mit schnippisch-spöttischen Bemerkungen herzog, sie machte auch

Lady Flora Hastings, das Opfer unverantwortlichen Hofklatschs. Ihr tragischer Tod minderte das Ansehen der jungen Monarchin beträchtlich. Stich von E. Findon nach E. Hawkins (Ausschnitt)

kein Hehl aus ihren Sympathien für Sir John Conroy. Für Victoria gab es keine Zweifel: Die attraktive Hastings war Conroys Spionin und gewiss auch mehr … Im Februar 1839, nach einer gemeinsamen Schottland-Reise, schien sich der Verdacht zu bestätigen, als der Körper der Hofdame plötzlich Rundungen aufwies, die der gesellschaftliche Komment einer ledigen Dame nicht zubilligte. In Hofkreisen kannte man nur ein Thema: Die Lady war schwanger, Conroy der «Täter». Auch für die Queen war der Fall eindeutig. Obwohl zwei Ärzte den skandalösen Verdacht ausräumten und die Jungfräulichkeit der Lady bestätigten, wollten die Klatschereien nicht verstummen, hatten doch die beiden Mediziner dem Premierminister privat zu verstehen gegeben, ihre Diagnose könnte durchaus fehlerhaft sein – eine fatale Einschränkung, die sicher auch der Queen nicht unbekannt blieb. So schadete die offizielle Rehabilitierung mehr, als dass sie nutzte. Je leidenschaftlicher sich die Herzogin von Kent für ihre Hofdame einsetzte, desto verstockter reagierte die Queen. Die Hastings sah sich in einen Stellvertreterkrieg verstrickt.

In dieser Situation meldete sich die große Politik zu Wort, und es trat das ein, was Victoria immer befürchtet hatte: Lord Melbourne annoncierte den Rücktritt seines Kabinetts. Die Regierung hatte zwar keine parlamentarische Niederlage erlitten, doch war ihre Anhängerschaft bedenklich geschrumpft. Da die Parteien noch als lose Interessenverbände ohne Fraktionsdisziplin arbeiteten, konnte sich eine Regierung der Unterstützung durch die eigene Partei nie wirklich sicher sein. Der Premier garnierte seinen Abschied mit herrlichen Worten, die Königin war in Tränen aufgelöst. Umso unerträglicher war der Gedanke, dass der Tory Sir Robert Peel – *ein so kalter, seltsamer Mann* – dem geliebten Freund im Amt nachfolgen sollte. Ausgerechnet dieser Peel! *Die Königin mag seine Art nicht – oh! wie verschieden, wie schrecklich verschieden ist sie von der freien, offenen, natürlichen und freundlichen, warmen Art Lord Melbournes.*[16] Wieso überhaupt die Tories, die sie noch nie hatte leiden können? Sie verfügten ja nicht einmal über eine Mehrheit. Dass Melbourne auf Peels Scheitern und anschließende Neuwahlen spekulierte, die die Whigs neu stärken würden, blieb der politisch ungeübten Königin verborgen.

Sir Robert Peel war zur Regierungsbildung bereit, bedeutete

aber der Königin, dass sie in ihren Whig-Hofstaat auch einige Damen aus Tory-Kreisen aufnehmen müsse. Ein vollständiges Revirement erwartete Sir Robert keinen Augenblick, doch hielt er eine personelle Anpassung an die künftigen Machtverhältnisse für unumgänglich. Schließlich war der indirekte Einfluss, den die Whigs über ihre weiblichen Familienmitglieder bei Hofe nehmen konnten, nicht zu unterschätzen. Die Majestät war perplex. Dass ein Politiker es wagte, ihr Vorschriften zu machen, beleidigte ihr königliches Ego. Erbost über die

Sir Robert Peel (1788–1850), der Führer der Tories, entging nur knapp einem Attentat. Die Kugel, die ihn töten sollte, traf seinen Sekretär. Gemälde von J. Linell, 1838

Zumutung, dass dieser Mann den unersetzlichen Melbourne ersetzen wollte, antwortete die Queen mit einem kategorischen Nein. Es gab für diese Hofdamenaffäre zwar keinen Präzedenzfall, doch verfassungsrechtlich bewegte sich Victoria mit ihrer strikten Weigerung zumindest in einer Grauzone. Da Peel keinerlei Interesse daran hatte, das Spiel auszureizen, beantwortete er die Ablehnung der Queen mit der Rückgabe des Regierungsauftrags. Victoria war erleichtert und stolz und feierte ihren ersten großen politischen Sieg in der Überzeugung, ihre Stellung mit Würde verteidigt zu haben. Dass aus diesem Konflikt Lord Melbourne plötzlich wie ein Phönix aus der Asche auftauchte und sich erbot, die Regierung wieder zu übernehmen, machte das Glück vollkommen. Die Romanze konnte fortgesetzt werden. Gleichwohl hatte sich die junge Herrscherin bestenfalls einen Pyrrhussieg eingehandelt, denn was sie Peel 1839 verwehrte, musste sie ihm 1841 als Bestandteil der konstitutionellen Monarchie zugestehen. Sechzig Jahre später räumte sie ein: *Ich war damals sehr jung und würde vielleicht jetzt anders handeln, wenn alles wiederholt werden sollte.*[17]

Lord Melbourne hatte weder in der Hofdamenaffäre noch im Skandal um Lady Flora Hastings so entschieden reagiert, wie man es von ihm als Ratgeber und Vertrautem einer unerfahrenen und allzu stürmischen Monarchin hätte erwarten dürfen. Auch zur Entkrampfung des gestörten Mutter-Tochter-Verhältnisses trug er nur wenig bei. Stattdessen warf der Herzog von Wellington das ganze Gewicht seiner Autorität in die Waagschale, was immerhin dazu führte, dass sich Sir John Conroy endlich bequemte, seine Stellung bei der Herzogin von Kent aufzugeben und den Hof zu verlassen. Damit war die Hauptursache des jahrelangen Konflikts beseitigt, doch an eine Versöhnung von Mutter und Tochter war nicht zu denken. Denn als Anfang Juli Lady Flora Hastings starb, entdeckten die Ärzte bei der Obduktion die Ursache ihrer plötzlichen Leibesfülle: ein unheilbares Leberleiden. So erstarrte das Tauwetter, das sich zwischen der Queen und ihrer Mutter anzubahnen schien, wieder zu Eis.

Victorias Fehlstart in die Politik hätte kaum spektakulärer ausfallen können. Alle Sympathie war verspielt – auch bei denen, was Wunder, die sich in der Gerüchteküche so lustvoll delektiert hatten. Die Queen galt als arrogant und herrisch, starrsinnig und egozentrisch. Lady Emily Palmerston, Melbournes Schwester, nahm kein Blatt vor den Mund. Wenn sich die Königin nicht diszipliniere, «dann muss sie die unangenehme Lektion lernen, dass sie weder mit ihrer Meinung Recht setzt noch mit ihrer Willensäußerung ein Gesetz formuliert»[18]. War die Queen im Begriff, die unrühmliche Reihe ihrer Vorgänger auf ihre Weise fortzusetzen und damit den Bestand der Monarchie ernsthaft zu gefährden?

Obwohl sich auf dem Weg in den Herrscherberuf einige Falltüren geöffnet hatten, war die Königin mit ihrem Leben höchst zufrieden. Nichts wäre ihr lieber gewesen, als den gegenwärtigen Zustand festzuschreiben. Sie genoss ihre Freiheit, genoss sie vielleicht deshalb so intensiv, weil sie genau wusste, dass es nur eine Frage der Zeit war, bis dieses ungebundene Dasein ein Ende haben würde. Heirat? Ja, gewiss, das gehörte schließlich zu den Pflichten eines Souveräns; aber doch nicht jetzt, vielleicht in zwei, drei Jahren. Victoria hatte keine Eile, unter die Haube zu kommen. *Ich sagte, ich fürchtete den Gedanken an eine Heirat, da ich gewöhnt sei, meinen eigenen Willen durchzusetzen.*[19] Doch die Würfel waren längst gefallen. Dafür hatte Onkel Leopold gesorgt. Den Gedanken, nach dem tragisch frühen Kindbett-Tod seiner Frau Charlotte die Häuser Hannover und Coburg durch eine Ehe zwischen der Tochter seiner Schwester und dem zweiten Sohn seines Bruders neu zu verbinden, hatte Leopold bereits seit den Kindertagen der Auserwählten mit Diplomatie, Klugheit und Ausdauer verfolgt.

Als sich die beiden jungen Leute im Frühsommer 1836 kennen lernten, war die Kronprinzessin von dem Vetter sehr angetan. *Er besitzt alle Eigenschaften, die man sich wünschen kann, um mich vollständig glücklich zu machen. Er ist so vernünftig, so freundlich und so gut und dabei so liebenswürdig. Dabei hat er das angenehmste Äußere und ist die reizendste Erscheinung, die sich nur denken lässt.*[20] Victoria reagierte, wie Leopold es sich erhofft hatte. Albert sprach von einem angenehmen Verwandtenbesuch, dessen Zweck ihm natürlich nicht verborgen blieb. Als der König 1838 seinen Neffen mit dem Heiratsplan offiziell bekannt machte, erklärte der sich prinzipiell einverstanden. Welche Chance für den zweitgeborenen Prinzen eines unbedeutenden Ländchens, seinem Leben an der Seite einer Monarchin, die eine Großmacht repräsentierte, einen Sinn zu geben! Albert spürte den Reiz der Herausforderung, die ihm dieses dynastische Zweckbündnis eröffnen würde. Als er aber feststellen musste, dass Victoria mit dem Ehestand keine Eile hatte, wurde die Sache kompliziert. So stand der für Oktober 1839 arrangierte Besuch unter keinem günstigen Stern. Die Cousine hoffte inständig, sich einer Entscheidung entziehen zu können, und der Cousin war entschlossen, eine Entscheidung herbeizuführen, denn er war «des Hingehaltenwerdens müde»[21]. Nervös sahen beide der Begegnung entgegen.

Am Abend des 10. Oktober traf Prinz Albert in Begleitung seines Bruders Ernst in Windsor Castle ein. Nicht, dass die Nervosität gewichen wäre, aber sie bekam eine neue, unerwartete Qualität. Die beiden jungen Leute, die sich drei Jahre lang nicht gesehen hatten, entdeckten einander neu – Albert zögernd-diskret, Victoria impulsiv und staunend. Plötzlich waren die Nebel der Selbsttäuschung wie weggeblasen. Der Herbsthimmel, unter dem die beiden Reitausflüge machten, verbreitete frühlingshaften Glanz. Gemeinsames Musizieren und Bälle füllten die nächsten Tage aus. Albert ließ sich, soweit es seiner gemessenen, nüchternen Natur möglich war, vom Ungestüm seiner Cousine mitreißen. Denn Victoria hatte die Liebe entdeckt, war unvorbereitet einer Gefühls-revolution ausgeliefert, die der königlichen Contenance heftig zusetzte. Am 14. Oktober teilte sie dem Premierminister ihren Ent-schluß mit, Prinz Albert von Sachsen-Coburg-Gotha um seine Hand zu bitten (gemäß der Rangfolge konnte der Heiratsantrag nur von ihr ausgehen). Am nächsten Tag trafen sich beide nach ei-ner Fuchsjagd im königlichen Arbeitszimmer, *und nach einigen Mi-nuten sagte ich ihm, er hätte wohl verstanden, warum ich ihren [Alberts und Ernsts] Besuch hier gewünscht hätte – und dass es mich zu glücklich machen würde, wenn er meinen Wunsch erfüllen würde (mich zu heira-ten). Wir umarmten uns, und er war so rührend, so liebevoll. [...] Ich fühlte mich als das glücklichste Wesen unter der Sonne.*[22] Die Verlo-bung war besiegelt.

Von einem dynastischen Zweckbündnis konnte selbstver-ständlich keine Rede mehr sein. *Ich bete Albert an! Er ist ein wahrer Engel, und so sehr, sehr gütig zu mir, und er scheint mich so lieb zu haben, was mich sehr rührt.*[23] Ein «wahrer Engel» aber – das kann nur *die Vollkommenheit selber*[24] sein. Während Victorias Leidenschaften ei-nen Sturm entfachten, reichten sie bei ihrem Bräutigam nur zu ei-ner Brise: «Worte, um dir meine Gefühle auszudrücken, finde ich nicht, sosehr ich mir auch Mühe geben mag, welche zu suchen.»[25] Alberts Emotionen lagen an der Leine eines Verstandes, der selbst das Glück des Augenblicks zu kontrollieren versuchte, der darauf trainiert war, auch private, intime Lebenssituationen in die Logik eines größeren Zusammenhangs einzuordnen. Victoria liebte Al-bert, Albert hatte Victoria gern – darin lag der Unterschied.

Der Zeitpunkt der Vermählung – sie war für Februar 1840 vor-gesehen – richtete sich nach der Session des Parlaments, das zu-vor die Apanage des Prinzen festlegen musste. Und damit begann der Ärger. Wie weiland Onkel Leopold, der Gatte der Prinzessin Charlotte, durfte Albert mit 50 000 £ jährlich rechnen. Doch die Tories, der Unterstützung durch die Radical Party sicher, nutzten die Vorlage der Regierung, um der Königin ihre demonstrative

Parteinahme für die Whigs heimzuzahlen. Schon wieder so ein armseliger Verwandter aus dem deutschen Winkel, der sich durch eine reiche Partie zu sanieren hoffte! 30 000 £ und keinen Shilling mehr, so lautete der parlamentarische Kompromiss, den die Queen, zu Recht, als persönliche Niederlage begriff. Dass es bei dieser Rückstufung aber nicht nur um einen persönlichen Affront ging, sondern auch um die allzu berechtigte Sorge, wie man in einer Zeit dramatisch zunehmender sozialer Not und Bedrängnis dem Volk eine Apanage von 50 000 £ plausibel machen sollte, das wollte die Queen nur schwer einsehen. Sie tobte, verfluchte die Tories, rief nach Rache – zumal weitere Affronts nicht auf sich warten ließen. Nicht genug damit, dass die Herzöge des königlichen Hauses versuchten, dem Coburger seine künftige portokollarische Vorrangstellung bei Hofe streitig zu machen, nach dem Willen zahlreicher Abgeordneter sollte er auch noch seinen protestantischen Glauben nachweisen. Da blieb Albert nichts anderes übrig, als süffisant auf seinen Landsmann Martin Luther zu verweisen. Hätte sich nicht Baron Stockmar hinter den Kulissen einmal mehr als gewandter Moderator bewährt, der Königin hätte die Nachlässigkeit, mit der Lord Melbourne sich um die Beseitigung der parlamentarischen Hürden kümmerte, kaum verborgen bleiben können.

Während der Bräutigam zu Hause seinen Junggesellenhaushalt auflöste, war die Eilpost zwischen Windsor und Coburg ständig im Einsatz. Der Inhalt der Briefe war nicht immer erfreulich. Victoria versuchte zu diktieren, Albert seine eigenen Vorstellungen durchzusetzen. Das Glück war mit Dornen besetzt. Nur mit Mühe vermochte er zu verhindern, dass die Braut seinen persönlichen Hofstaat ohne sein Einverständnis zusammenstellte. Immerhin durfte er etliche Stellen vakant lassen, um später vor Ort selber die Auswahl treffen zu können. Vergeblich wehrte er sich jedoch gegen Mr. George Anson, einen ehemaligen Sekretär Melbournes, den ihm seine Braut als Privatsekretär zuwies. Kategorisch lehnte sie Alberts Wunsch ab, sich für diesen Vertrauensposten einen Deutschen aussuchen zu dürfen. Damit übernahm sie Melbournes Forderung, es müsse alles vermieden werden, was bei Hofe auch nur den Anschein einer deutschen Gegenpartei erwecke – eine Forderung, die gerade angesichts der Spannungen, denen die

Die Vermählung Königin Victorias mit Prinz Albert von Sachsen-Coburg-Gotha am 10. Februar 1840.
Gemälde von Sir George Hayter (Ausschnitt)

Monarchie ausgesetzt war, durchaus Sinn machte. Umso erfreulicher war es, dass sich zwischen Albert und dem so heftig bekämpften Anson ein sehr persönliches Vertrauensverhältnis entwickeln sollte.

Je näher der Hochzeitstermin rückte, desto launischer und unausstehlicher wurde die Braut. Die Majestät schien Angst vor der eigenen Courage zu bekommen und in Torschlusspanik zu geraten. Man rief nach dem Arzt. Welche Arznei aber vermag den Verstand zu kurieren, der sich gegen den Verlust der persönlichen Freiheit wehrt? Schließlich hatte sich vor dem Altar auch eine Königin dem Ehegelöbnis zu fügen, und das forderte nun einmal, die Frau habe dem Manne untertan zu sein. Victoria nahm diese Verpflichtung zeitlebens ernst. Wer die unterschiedlichen Machtverhältnisse zwischen den Geschlechtern in Frage stellte, der rüttelte nicht nur an den Geboten der Bibel und den Lehrsätzen der Kirche, sondern stellte jegliche Moral rundweg auf den Kopf. In diesem Sinne empfand sie ihre persönliche Situation durchaus als unnormal. Als Gattin hatte sie sich dem Gatten künftig unterzuordnen, als Herrscherin war sie das Oberhaupt ihrer Dynastie. Doch auch Albert, «Herr des Hauses» und Gemahl der Königin in Personalunion, würde diese Quadratur des Kreises nur schwer lösen können. «Ferner werde ich als Mann der Königin stets in einer abhängigen Stellung sein, in einer so abhängigen, wie vielleicht kein andrer Mann im häuslichen Verhältnis.»[26] Dass seine Wünsche vor der Queen wenig galten, hatte er schon erfahren müssen.

Die Ankunft des Bräutigams am 8. Februar 1840 in Dover hätte sich gut mit einer Goethe-Zeile kommentieren lassen: «England, freundlich empfingst du den zerrütteten Gast.»[27] Denn allzu fest saß die stürmische Überfahrt noch in den Knochen. Zwei Tage später, am 10. Februar, hielten Königin Victoria und Prinz Albert von Sachsen-Coburg-Gotha in der Kapelle von St. James Hochzeit. *Die Trauungsfeierlichkeit war sehr wirkungsvoll, schön und einfach […]. Ich fühlte mich so glücklich, als mir der Ring von Albert auf den Finger gesteckt wurde.*[28] Lord Melbourne war wieder einmal sehr bewegt.

Der heimliche König

Nur wenige können mit mir sagen, dass sich nach 21 Jahren ihr Mann nicht nur Freundschaft, Güte und Zuneigung bewahrt hat, wie sie eine wirklich glückliche Ehe mit sich bringt, sondern auch dieselbe zarte Liebe wie am ersten Tag der Ehe[29], schrieb Victoria 1861 an Onkel Leopold. Auch Albert gedachte dieses (letzten) Hochzeitstags: «Es ist mit den einundzwanzig Jahren wie mit den achtzig Lebensjahren der Bibel: ‹Wenn's köstlich gewesen ist, so ist es Mühe und Arbeit gewesen.›»[30] Hier die liebende Frau, die nicht müde wird, den Gatten als Zentralgestirn ihres Daseins zu verehren – dort der dankbare, aber erschöpfte Gatte, der hofft, dass aus dieser Verbindung «doch manches Gute für die Welt erwächst».[31]

Wann auch immer Victoria und Albert auf ihre Ehe zu sprechen kamen – sie häufig, er selten –, wurden die unterschiedlichen Akzente in der Beurteilung deutlich erkennbar. Victoria empfand ihre Liebe als Selbstzweck, Albert begriff seine emotionale Bindung als Teil seiner Stellung als Prinzgemahl, dem es aufgegeben war, der Gattin die Last der Krone erträglicher zu machen. Persönliches Glück, so wie er es verstand, war nur gerechtfertigt, wenn es gleichsam eine Nutzanwendung fand. Wie er dieses in Pflichten gebundene Glück definierte, präzisierte er 1850 gegenüber dem Herzog von Wellington: «Er ist nicht nur das natürliche Haupt ihrer Familie, ihr Haushofmeister, Verwalter ihrer Privatangelegenheiten, ihr einziger vertrauter Ratgeber in politischen Dingen, ihr einziger Beistand in Beziehungen zu den Regierungsbeamten; er ist daneben der Gemahl der Königin, der Vormund der königlichen Kinder, der Privatsekretär der Souveränin und ihr permanenter Meister.»[32]

Wahrlich ein «strenges Glück»[33] für die Königliche Hoheit, das auch ohne die gelegentlichen Gemütsexplosionen der Gemahlin ein hohes Maß an Selbstdisziplin verlangte. Doch nüchterne Naturen wie Albert, die die Welt durch die Brille des Intellektuellen sehen, wissen emotionale Schwächen durch rege Tätigkeit zu sublimieren. Victoria rühmte denn auch mit Nachdruck: *Ich fühle,*

Repräsentationsgemälde der königlichen Familie
aus dem Jahre 1846 von Franz Xaver Winterhalter, dem
seinerzeit bekanntesten Porträtmaler des europäischen
Hochadels

*dass ich ohne ihn nicht leben könnte, und dass ich in den Mühseligkeiten,
Belästigungen und Verdrießlichkeiten meiner Stellung untergehen müsste, gäbe es nicht seine Unterstützung, seinen Schutz, seine Führung und
seinen Trost.*[34] Albert war nicht nur der Gatte der Königin, sondern,
nach Leopold und Melbourne, auch ihr dritter Vaterersatz, der
Schutzpatron ihres Lebens. Wo aber sich die Liebe mit bedin-
gungsloser Verehrung vereint, entstehen Anbetungsrituale, die
die natürlichen Schwächen des Angebeteten verdrängen. Der *Vollkommene*, der *Engel*, wie sie ihn häufig in ihren Briefen titulierte,
wurde zur Projektion romantischer Liebesschwärmerei. Dass
Albert diese Rituale nicht erwiderte, machte dieses Eheglück überhaupt erst möglich. Wäre er mit dem gleichen Enthusiasmus seiner Frau begegnet wie sie ihm, hätte man sich gegenseitig er-
drückt. Insofern bildete Alberts Introvertiertheit das notwendige
Korrelat zu Victorias Überschwang.

Im Wurzelgrund dieser Introvertiertheit lässt sich eine Familienkatastrophe entdecken, die für Albert traumatisch gewesen sein muss: die Trennung der Eltern 1824, die offizielle Scheidung zwei Jahre später, schließlich der Tod der Mutter 1831 im fernen Paris. Wie ließ sich das Idealbild fürstlicher Tugenden, das die Lehrer dem Knaben vorhielten, mit jener Wirklichkeit vereinen, die sich ihm mit zunehmender geistiger Reife zu erschließen begann? War nicht die Scheidung der Eltern das Produkt jener gesellschaftlichen Doppelmoral, die dem Vater jedes erotische Abenteuer zugestand, die Mutter aber mit landesherrlichem Bannstrahl belegte, als sie frustriert Gleiches mit Gleichem vergalt? Der Widerspruch zwischen moralischem Anspruch und moralischer Wirklichkeit gab Rätsel auf, verstörte das Kind und mehr noch den Jüngling. Wem sich anvertrauen? Albert schwieg, wahrte die höfische Fassade, begegnete dem Vater, Herzog Ernst I., mit Respekt. Da die nüchtern kalkulierende Hoheit mit der Scheidung bis zum Tod des letzten Fürsten von Sachsen-Gotha gewartet hatte, um das Erbe seiner Frau antreten und die beiden Herzogtümer Sachsen-Coburg und Sachsen-Gotha in Personalunion unter dem Namen Sachsen-Coburg-Gotha regieren zu können, kann es mit der tiefen Kränkung und Enttäuschung, die ihm seine ungetreue Gattin angeblich zugefügt hatte, nicht allzu weit her gewesen sein. Einem so intelligenten und gemütstiefen Jungen wie Albert aber dürfte diese Verlogenheit kaum verborgen geblieben sein. So entwickelte sich in diesen frühen Jahren jener moralische Rigorismus, den Victoria übernehmen und hoffähig machen sollte.

Was die kurze Verlobungszeit hatte ahnen lassen, brachte die Ehe an den Tag. Für den «Job» eines Gemahls der Königin von England existierte kein Berufsbild. Geradezu demonstrativ bekam Albert zu spüren, dass weder in der Politik noch in der Leitung des häuslichen Bereichs sein Rat gefragt war. Lord Melbourne war nicht nur der Premierminister, mit dem seine Frau gemeinsam «regierte», sondern im Nebenberuf auch deren politischer Sekretär. Und den königlichen Haushalt verteidigte die energische Baronesse Lehzen wie Fafner den Nibelungenhort. Umso demütigender empfand der Prinz seine Rolle. Er war der erste Statist nächst dem Thron, gut genug für Einweihungen, Grundsteinlegungen und Uniformauftritte zur Parade – ein Dekorationsmöbel der Monarchie. Gewiss, das Parlament hatte ihm nach der Geburt des ersten Kindes für den Fall des vorzeitigen Ablebens Ihrer Majestät die Regentschaft übertragen, doch das galt als politische Notwendigkeit nach einem glücklich überstandenen Attentat.

Das «strenge Glück» hoher Verantwortung, das Albert an Victorias Seite finden sollte, war das Ergebnis eines schrittweisen Emanzipationsprozesses, der ohne den Mentor und väterlichen Freund Stockmar kaum die erforderliche Schubkraft erhalten hätte. So zielgerichtet und energisch Albert zu handeln vermochte, Resignation war ihm durchaus nicht fremd. Stockmar musste ihn erst einmal von den Frustrationen befreien und die Lethargie aufbrechen, die seinen Schützling wie mit einer Kruste überzogen und jegliches Interesse an Politik eingeschläfert hatte. Der Mentor beschwor fürstliche Tugenden wie Arbeitsethos und Pflichterfüllung, appellierte an seinen Stolz. Das wirkte.

Christian Friedrich Baron Stockmar (1787–1863), zunächst Leibarzt, dann persönlicher Berater des Prinzen und Königs Leopold, enger Vertrauter Alberts und Hausfreund des Königspaars, der in allen wichtigen politischen und persönlichen Fragen konsultiert wurde. Foto von Caldesi, April 1857

Beiläufig beendete Albert die unfruchtbare Familienfehde zwischen Victoria und ihrer Mutter. Endlich fanden die Damen, wenn auch reichlich spät, dank seiner Vermittlung zu jener verwandtschaftlichen Intimität, die Missverständnisse und falscher Ehrgeiz, Sturheit und Verblendung verhindert hatten. Sodann sanierte er mit deutscher Gründlichkeit die Hofhaltung, deren Organisationsstrukturen und Finanzen trotz einer reichlichen Jahresapanage von 385 000 £ plus

Zusatzeinkünften aus dem Herzogtum Lancaster geradezu desaströs genannt werden mussten. Und mit der scheinbar allmächtigen Lehzen, die für ihn nichts als eine machtbesessene Intrigantin war, machte er kurzen Prozess. Denn längst hatte er entdeckt, dass seine Frau von dieser hannoverschen Pastorentochter genauso abhängig war wie einst ihre Mutter von Conroy. Albert verfügte die Entlassung, ohne sich vorher mit Victoria abgesprochen zu haben. Zwar wallte der königliche Jähzorn, doch rasch gab sich die Gattin geschlagen. Endlich fühlte sich der Familienvater als «Herr im Haus». Am 30. September 1842 verließ Louise Lehzen den englischen Hof, um in Bückeburg ihren Lebensabend zu verbringen. Als sie 1870 mit 86 Jahren starb, schrieb die Queen: *Sie war eine bewundernswerte Erzieherin, und ich betete sie an, obgleich ich auch Angst vor ihr hatte.*[35]

Stürmische Liebe schließt Rivalität nicht aus, was Victorias anfänglichen Versuch erklärt, den Gemahl von der Politik fernzuhalten. Sosehr sie ihn als starke Persönlichkeit bewunderte, so wenig war sie gewillt, ihre privilegierte Stellung seinem Einfluss auszusetzen. Alberts Ehrgeiz wiederum ließ sich nicht durch eine Reformierung der königlichen Haus- und Hofangelegenheiten befriedigen – und schon gar nicht durch einen Sieg über die Lehzen. Seine politische Emanzipation begann mit der Tory-Regierung Peel. Nach einer Haushaltsniederlage in Zollfragen und einem Misstrauensvotum mit nachfolgenden Parlamentsneuwahlen war der Rücktritt des Kabinetts Melbourne unausweichlich geworden. Sofort nahm der Prinz, mit Melbournes Billigung, über seinen Sekretär Anson mit dem Tory-Führer Peel Kontakt auf, um bei dem anstehenden Regierungswechsel eine Neuauflage der leidigen Hofdamenaffäre zu verhindern. Da weder Peel noch Albert daran gelegen war, die Zusammensetzung des Hofstaats zu einer Verfassungsfrage aufzublähen, kam eine Einigung rasch zustande. Albert akzeptierte den Austausch der wichtigsten Whig-Damen durch Angehörige der Tories sowie das Recht des künftigen Premiers, diese zu ernennen, und Peel gab sich konziliant: Seine Königliche Hoheit solle ihm eine Liste von Damen zuleiten, die der Queen besonders genehm seien, damit sie Berücksichtigung fänden. Jeder Hinweis auf die Verfassung entfiel, doch de facto waren die Ansprüche der Krone obsolet geworden.

Obwohl Albert eigenmächtig gehandelt und seine Frau erneut vor vollendete Tatsachen gestellt hatte, blieben alle Proteststürme aus. Victoria konnte sich zwar die Bemerkung nicht verkneifen, der Hofstaat sei *gut zusammengesetzt – für Tories*[36], aber im Grunde war sie heilfroh, dass sie nach dem Pyrrhussieg anno 1839 in ihrem Mann einen Vermittler gefunden hatte, der ihr beistand, das Gesicht zu wahren. Und so hieß es plötzlich: *Mein liebster Engel ist mir in der Tat eine große Hilfe. Er nimmt das größte Interesse an dem, was vorgeht, fühlt für mich und mit mir und vermeidet es doch, mich auf eine Seite ziehen zu wollen [...].*[37] Hätte Victoria geschrieben, Albert versuche alles, um sie auf seine Seite zu ziehen, wäre die Beobachtung korrekt gewesen. Denn mit Augenblickserfolgen gab er sich nicht zufrieden. Was ihn umtrieb, war die Befestigung seiner Stellung, so wie er sie verstand, und dafür gab es keine günstigere Gelegenheit als «Vater» Melbournes Rückzug. Der mahnte Albert, er dürfe als persönlicher Berater bei Ihrer Majestät nicht den Eindruck entstehen lassen, «er besorge die Geschäfte mit Peel zusammen, ohne sie zu informieren»[38] – eine nicht unberechtigte Warnung.

«Die Königin nahm heute Abschied von Lord Melbourne. Ihre Majestät war sehr ergriffen, gewann aber bald wieder ihre Ruhe.»[39] Eigentlich war es kaum zu fassen, welchen Verlust die Politik der Queen zumutete, doch sie tröstete sich mit dem Gedanken, dass es nicht lange dauern werde, *bis wir wieder zusammen kommen*[40]. Melbourne blieb bis zu seinem Tod 1848 ein geschätzter Briefpartner für Privates und Bangloses. Seiner anfänglichen Hoffnung, die Königin gleichsam aus dem Souffleurkasten politisch beeinflussen zu können, machte Alberts Aufstieg rasch ein Ende.

Die analytischen Fähigkeiten des Gemahls wurden der Queen in ihrem komplizierten Geschäft genauso unentbehrlich wie seine wohl überlegten, abgewogenen Urteile. Zahllos sind die Memoranden, in denen er mit Gespür für das Wesentliche Victorias Arbeit unterstützte. Er beeindruckte durch genaues Aktenstudium, Detailkenntnis, Organisationstalent und Seriosität nicht nur die Königin, sondern auch viele Politiker, Sir Robert Peel allen voran. Bald sprach es sich bei den Ministern herum, dass sich schwierige Entscheidungsvorgänge, die der Königin vorgelegt werden mussten, vereinfachen ließen, wenn man sich zuvor mit Albert besprach. Als er sein Arbeitszimmer neben dem der Gattin einrichtete, signalisierte die stets offene Tür, dass Victoria den «Rivalen» als politischen Partner akzeptierte.

Die strenge Arbeitsdisziplin und Pflichterfüllung, die sich Königin Victoria bis in ihr hohes Alter abverlangte, lernte sie in der «Schule» ihres Gatten schätzen. Vorbei war die Zeit, in der die Vergnügungen den Tagesablauf bestimmten. Jetzt waren sie eingebunden in das Reglement einer Monarchie, deren Befestigung nicht zuletzt dem Prinzen Albert zu danken war. Dabei wies die Königin ihrem Gatten eine Stellvertreterrolle zu, die jeden Verfassungsexperten irritieren musste. Als Albert 1843 mit Peels Segen die Levées Ihrer Majestät übernahm (ohne Handkuss und Kniefall allerdings), war offiziell von einer Entlastung für die Queen die Rede. Doch den wahren Grund erfuhr Onkel Leopold: *Es bringt ihn außerdem in meine Stellung; er und ich müssen eins sein, sodass ich nur von ihm vertreten werden kann.*[41] Prinz Albert hat diese Stellvertretung bis zu seinem Tode souverän wahrgenommen. Victorias Abhängigkeit von Melbourne übertrug sich ungeschmälert auf den Gemahl, ja sie verstärkte sich noch entschieden durch die tiefe emotionale Bindung. Victoria und Albert wurde zum Synonym für «team work», für das es in europäischen Fürstenhäusern keinen Vergleich gab. Mehr und mehr gewöhnte es sich die Queen an, nach seinen Vorgaben oder direktem Diktat den Schriftverkehr mit den Ministern und Würdenträgern abzufassen. Es entstand eine «Regierungsfirma» mit konstitutionell beschränkter Haftung, in der die Königin die Außenvertretung übernahm und der Prinz das lenkende Innenressort.

Die von Walter Baghot formulierten drei Rechte des Souveräns gegenüber der Regierung – «das Recht, konsultiert zu werden, das Recht zu ermutigen und das Recht zu warnen»[42] – ergänzte die Verfassungswirklichkeit insgeheim durch Alberts «Recht», die Königin zu ermutigen, zu warnen und von ihr konsultiert zu werden. In der Praxis lief das darauf hinaus, dass er ihre Entscheidungen lenkte. Dass ihm diese Form der indirekten politischen Einflussnahme nicht nur Befriedigung verschaffte, sondern auch Selbstbescheidung abforderte, ließ er 1852 gegenüber Stockmar erkennen: «Nun ist das stille Wirken gerade das, welches dem

Prinz Albert (1819 – 1861), der in seiner politisch nicht definierten Stellung als Victorias Gemahl allmählich zum «heimlichen König» avancierte. Gemälde von Franz Xaver Winterhalter, um 1845

Ganzen am förderlichsten ist, und darum wird immer viel Zeit dazu gehören, bis der Wert des Wirkens von denen, die davon Kenntnis nehmen können, anerkannt wird, und für den großen Haufen kann es wohl kaum verständlich werden. Ich muss mich mit dem

Faktum begnügen, dass die konstitutionelle Monarchie unangreifbar ihren segensreichen Lauf geht und das Land prosperiert und fortschreitet.»[43] So anstrengend dieses stille Wirken sein mochte, es beförderte Prinz Albert im Laufe der Zeit zum heimlichen König des Landes, zu einem Herrscher ohne Krone.

Je weniger sich Alberts Teilhaberschaft an der «Regierungsfirma» fortdenken ließ, desto mehr bewunderte Victoria sein großes Talent für die Staatsgeschäfte. Aber sie litt auch unter seiner Überlegenheit. Während sie normalerweise ihre Komplexe durch Aggressivität und Egozentrik abzureagieren pflegte, verführte sie Alberts souveräner Gestaltungswille eher zur Resignation. Gelegentlich setzten ihr die Zweifel über die eigene Rolle so zu, dass ihr eine Frau auf dem Thron «irgendwie» fehlbesetzt vorkam. *Albert wird wirklich ein schrecklicher Geschäftsmann; mir scheint, es nimmt ihm etwas von der Vornehmheit seines Charakters weg und beansprucht ihn so ausschließlich. Das macht mir Kummer, da ich an den Dingen keine Freude habe, sosehr mich auch die europäische Politik im Allgemeinen interessiert; aber ich bin jeden Tag mehr davon überzeugt, dass wir Frauen, wenn wir gute Frauen sind, also weiblich, liebenswürdig und häuslich, nicht zum Regieren geeignet sind.*[44]

Lebenslang pflegte Königin Victoria ihre Animositäten und Vorurteile geradezu liebevoll. Die einzige Instanz, die in der Lage war, ihr Urteil zu revidieren, war der Herr Gemahl. Denn der war in ihren Augen vollkommen. Nutznießer einer solchen Revision war Sir Robert Peel, der anfangs bei der Herrscherin einen schweren Stand hatte. Gründe gab es genug: die Hofdamenaffäre, sein unhöfisches, ungelenkes Benehmen, vor allem aber sein parlamentarisches Votum für Alberts verminderte Apanage. Die Majestät konnte sehr nachtragend sein, abgesehen davon, dass ein Tory bei ihr sowieso keinen Kredit hatte. Entsprechend kühl begegnete sie dem neuen Premierminister, den Kontakt auf das Notwendigste beschränkend. Albert hingegen lernte Peel als einen nüchternen Realisten kennen, mit dem er sich geistesverwandt fühlte. Beide waren reservierte, skeptische Naturen, die zunächst einander beobachteten, bald aber gegenseitig Vertrauen fassten und zu einem offenen Gedankenaustausch fanden. Dem konnte sich auf Dauer auch die Queen nicht entziehen. Weil Albert Peel schätzte, sah Victoria ein, dass auch sie ihn zu schätzen hatte. Und so ent-

ließ die Königin den Premier aus ihrer Ungnade. Fortan ließ sich
für die Regierungsgeschäfte kein besserer Minister denken als
dieser Sir Robert Peel. Selbst die Tories gewannen bei der Queen,
wenn auch widerstrebend, an Reputation. Albert machte seiner
Gattin klar, dass die Whigs keineswegs *die allein sicheren und kö-
nigstreuen Leute* [45] seien und dass ihre allzu freimütige Parteinahme
ihrer Stellung nur schaden könne, denn die Verfassung verpflichtete sie zu parteipolitischer Neutralität.

Die vierziger Jahre des 19. Jahrhunderts waren für die englische Innenpolitik nicht weniger dramatisch als die dreißiger. Der Man-
chester-Kapitalismus stand mit galoppierender Arbeitslosigkeit,
entsetzlichen Arbeitsbedingungen in Fabriken und Kohlegruben
sowie absurden Lohn-Preis-Relationen in seiner giftigsten Blüte.
Wo aber Massenverelendung das Mark der Menschen aussaugt, da
brütet sie nicht nur dumpfen Fatalismus aus, sondern setzt auch
Explosivkräfte frei. Eine starke Gefährdung der öffentlichen Sicherheit schien zeitweise von den Chartisten auszugehen, einer
Bewegung des verunsicherten Kleinbürgertums, die, die Reform-

Die letzte Massenversammlung der Chartisten fand
am 10. April 1848 auf dem Kennington Common statt.
Daguerreotypie, von William E. Kilburn

57

Bill von 1832 fortschreibend, 1838 eine People's Charta (daher ihr Name) verabschiedet hatte und mehrfach mit Massenpetitionen in Millionenhöhe ihr politisches Mitspracherecht einklagte, ohne jedoch im Parlament Gehör zu finden. Das im Grunde gemäßigte Programm – u. a. gleiches und geheimes Wahlrecht für alle Männer über 21 Jahre, gerechtere Steuern, Diäten für Abgeordnete, um auch vermögenslose Mandats-

Aus der Sozialstatistik der Stadt Leeds 1841:
Von 19 936 arbeitsfähigen Personen waren 16 156 ohne Beschäftigung.
Der Durchschnittsverdienst der 3780 Menschen, die in Lohn standen, betrug pro Kopf 11 $\frac{1}{4}$ Pennies.
Für ein Kilo Weizen waren fast 7 Shilling zu zahlen.

träger wählen zu können – verstörte durch die sozialrevolutionäre Attitüde, mit der es vorgetragen wurde. So kam es phasenweise zu blutigen Auseinandersetzungen. Als aber gegen Ende des Jahrzehnts sich endlich ein wirtschaftlicher Aufschwung abzeichnete, der in bescheidenem Maße auch den unteren Schichten zugute kam, ging dem revolutionären Elan die Luft aus. Und so verkümmerte die Chartistenbewegung allmählich zur Bedeutungslosigkeit.

Auf dem steinigen Weg zur wirtschaftlichen Konsolidierung erwies sich die endgültige Beseitigung des Protektionismus als das schwierigste Hindernis. Während sich die Industrie nach und nach aus dieser Fessel gelöst hatte, beharrten die mächtigen Magnaten der Landwirtschaft energisch auf dem Fortbestand der Kornzollpolitik. Was einst, nach dem Ende der napoleonischen Kriege, als sinnvolle Schutzmaßnahme für die hoch verschuldete Landwirtschaft gedacht war, hatte sich längst in einen bequemen Abwehrmechanismus gegen lästige ausländische Konkurrenz verwandelt. Die sozialen Auswüchse dieses Agrarprotektionismus bekamen die Unterschichten über den Brotpreis drastisch zu spüren. Als der Abgeordnete Richard Cobden mit seiner Anti-Corn-Law-League eine Gegenbewegung formierte, hatte er die Öffentlichkeit rasch auf seiner Seite. Nur der Freihandel könne akzeptable Preise bilden, nur der Freihandel könne Großbritanniens Wirtschaft zur vollen Entfaltung bringen, warb die Anti-Corn-Law-League, und das tat sie mit nie zuvor gekanntem Informations- und Propagandaaufwand.

Während die Whigs sich der Freihandelsoffensive anschlossen, unterstützten die Tories mehrheitlich die Kornzöllner, eine Minderheit mit Premierminister Peel an der Spitze war jedoch von der Notwendigkeit einer Marktöffnung überzeugt. Gegner und Befürworter saßen am selben Kabinettstisch. Peel aber zeigte sich entschlossen, die Aufhebung der Kornzölle auch um den Preis der Spaltung seiner eigenen Partei durchzusetzen. Im Juni 1846 stimmte eine Mehrheit aus Whigs und einem Drittel seiner Partei für die Abschaffung des Agrarprotektionismus. Damit war das Fundament für den kontinuierlichen Ausbau des Freihandelssystems und für Englands Vorherrschaft auf dem Weltmarkt gelegt.

CARRYING THE CORN; OR, THE FREE-TRADE HARVEST-HOME.

Karikatur zum Kampf um die Abschaffung der Kornzölle und Durchsetzung des Freihandels. Prinz Albert unterstützte insgeheim Peels Freihandelspolitik, deren Sieg den Premierminister sein Amt kostete und die Tories spaltete.

Peels Gegner in den eigenen Reihen sorgten jedoch dafür, dass er bereits einen Tag nach dem Inkrafttreten des Kornzollgesetzes über eine Regierungsvorlage zu Fall kam und zurücktreten musste – sehr zum Bedauern der Königin und vor allem des Prinzen, der die Freihandelspolitik in ausführlichen Memoranden analysiert und den Premier in seiner Entscheidung immer wieder bestärkt hatte.

Die Spaltung der Tory-Partei aber ließ sich nicht mehr verhindern. Während die konservative Mehrheit sich um einen dynamischen und ehrgeizigen Politiker namens Benjamin Disraeli gruppierte, bildeten Peel und seine Anhänger, darunter auch William

Gladstone, als «Peeliten» einen losen Verband, der die nachfolgende Whig-Regierung Russell parlamentarisch unterstützte. Sosehr sich Russell im Sinne des Vorgängers bemühte, durch weitere Reformen das Los der unteren Schichten schrittweise zu verbessern und damit die Klassengegensätze zu entschärfen, die irische Hypothek vermochte auch er nicht abzutragen. Denn seit 1845 vernichtete eine Kartoffelkrankheit jahrelang die Ernten und suchte die Insel mit Hungersnöten heim, als galoppierten die vier apokalyptischen Reiter übers Land. An den Folgen starben fast eine Million Menschen. Wer die Kraft hatte und über spärliche Mittel verfügte, floh nach Amerika, um sich eine neue Existenz zu suchen. Da in England 1845 die Kornernte einem Dauerregen zum Opfer gefallen war, hatte man dort mit eigenen Versorgungsproblemen zu kämpfen. Die Iren fühlten sich im Stich gelassen – eine traumatische Erfahrung mit Folgen. Fortan wurde der Ruf nach Unabhängigkeit immer lauter. Als 1848 ein Nationalkonvent nach Dublin einberufen wurde, reagierte London mit Kriegsrecht. Und als sei all dies nicht genug, brach auch noch die Cholera aus.

Prinz Albert konnten die sozialen Konflikte schon aus christlicher Glaubensüberzeugung nicht gleichgültig lassen. Aufgerüttelt von einem Bericht des Tory-Abgeordneten Lord Ashley über die Lebensbedingungen der unteren Klassen, setzte er sich für Arbeitsbeschaffungsmaßnahmen ein, entwarf Baupläne für hygienische Arbeiterwohnungen, unterstützte die Entwicklung serieller Wohnbaumodelle, übernahm die Präsidentschaft unzähliger Wohltätigkeitsorganisationen, hielt Reden über Reden zur Verbesserung der sozialen Lage, wobei er immer auch die Notwendigkeit betonte, die Arbeiterschaft moralisch und geistig zu bilden. So wichtig ihm Akteneinsicht war, erst die persönlichen Informationen vor Ort, die Gespräche mit den Betroffenen, das Studium des Milieus vermittelten ihm jenen Kenntnisstand, der ihn in seinem Urteil von den Fachleuten unabhängig machte. Der Gemahl der Königin in direktem Kontakt mit den unterbürgerlichen Schichten und deren Sorgen und Nöten – das war so ungewöhnlich, wie es die Audienz eines Chartisten bei Hofe gewesen wäre. Die Krone trug zwar nicht zur Lösung der gesellschaftlichen Probleme bei, was auch nicht ihre Aufgabe war, doch sie demonstrierte durch den Gemahl der Königin ein Interesse an den Unterprivilegierten wie noch nie zuvor in der englischen Geschichte. Der Stabilität der Monarchie konnte dies nur nützlich sein.

Die Queen ihrerseits nahm auf die Sozialpolitik keinen nennenswerten Einfluss, zum einen, weil sie diesen Bereich in guten Händen wusste, zum anderen, weil dies eine Welt war, in der sie sich nur schwer zurechtfand. Dort, wo sich Elend personal konkretisierte, zeigte sie sich, schon aus Christenpflicht, hilfsbereit, und natürlich machten ihr die zahllosen Begegnungen mit den einfachen Menschen des schottischen Hochlands, das ihr zur zweiten Heimat werden sollte, die schweren Lasten der Armut begreifbar. Als unterprivilegierte Klasse aber, die das breite Fundament der Gesellschaftspyramide bildete, blieben ihr die Menschen jenseits des Bürgertums fremd. Die Witwe hat später mehrfach bei ihren Regierungen sozialpolitische Maßnahmen angemahnt, vor allem in den achtziger Jahren, als der Höhenflug der Wirtschaft in einen Sinkflug wechselte, doch dürfte dieses Engagement eher als Verpflichtung gegenüber dem Gatten zu verstehen sein denn als persönliche Notwendigkeit aus innerster Überzeugung.

Es kann kein Zufall gewesen sein, dass von den sieben Attentaten, die Königin Victoria im Laufe ihres Lebens mit Glück und ungewöhnlicher Nervenkraft überstehen sollte, die ersten fünf in das Jahrzehnt zwischen 1840 und 1850 fallen (die beiden letzten 1872 und 1882). Dafür war in jenen Jahren das sozialpolitische Klima zu rau. Und genauso wenig kann es ein Zufall gewesen sein, dass die Gerichte allen Angeklagten geistige Zerrüttung oder sonstige persönliche Defekte attestierten, jedoch peinlich darauf bedacht waren, politische Motive auszuschließen. Offensichtlich lag es nicht im Interesse des Staates, die Brisanz der gesellschaftlichen Konflikte durch Verschwörungen gegen die geheiligte Person der Majestät bestätigen zu lassen. Also musste es sich um Einzelgänger mit mentalen oder allgemein psychischen Ausfällen handeln, auch wenn das in dieser Häufung kaum glaubhaft war. Natürlich machte es in der Bevölkerung Eindruck, mit welcher Selbstbeherrschung Victoria diese Anschläge auf ihr Leben ertrug. Dies war umso erstaunlicher, da in ihrem Privatleben diese Tugend eher zu den Raritäten zählte.

Im Revolutionssturm des Jahres 1848, der Deutsche, Franzosen, Italiener und Polen an die englische Küste verschlug, verfolgte die Königin die deutschen Turbulenzen natürlich mit besonderer Aufmerksamkeit. *Ich fürchte so sehr um das Schicksal der armen kleinen Fürsten, die zu opfern schändlich wäre. Ich empfinde es mehr als Albert, da es mein Herz brechen würde, Coburg verschwinden zu sehen.*[46] Auch gegen einen Führungsanspruch Preußens hatte sie Vorbehalte, *denn es ist dasjenige Land, welches das übrige Deutschland nicht mag*[47]. Unterdessen legte Albert den Höfen von Berlin, Wien, München und Dresden den Entwurf einer deutschen Föderalmonarchie vor, dessen konstitutionelle Struktur seine englischen Erfahrungen erkennen lässt. Das blieb genauso Gedankenkonstrukt wie eine deutsch-englische Allianz, die der Prinz als gemeinsame Führungsaufgabe im Namen des zivilisatorischen Fortschritts verstanden wissen wollte. Noch wenige Monate vor seinem Tod saß die Enttäuschung über den Sieg der Reaktion so fest, dass er seinem Onkel nach Brüssel schrieb: «Wäre ich an der Spitze der preußischen Regierung, ich würde mit der äußersten Energie zu Werke gehen, aber aus wahrem Patriotismus, im Einklange mit wahrer Begeisterung für Volksrechte, konstitutionelles System, Freiheit und Einheit Deutschlands.»[48]

Königin Victoria und Kronprinzessin Viktoria von Preußen versuchten, Alberts Vermächtnis zu bewahren und in diesem Sinne auf die Berliner Verwandtschaft politisch Einfluss zu nehmen. Dass die Mühe vergeblich blieb, dafür sorgte Otto von Bismarck, der Ministerpräsident und spätere Reichskanzler. Wer so souverän seinen eigenen Souverän beherrschte wie dieser Regierungschef, der ließ sich weder von einer oppositionellen preußisch-deutschen Kronprinzessin, die er abschätzig «die Engländerin» nannte, noch von deren königlicher Mutter in seine Politik dreinreden.

Die Leute sind von seinen [Alberts] Fähigkeiten und seiner Energie ganz überrascht; seine große Selbstverleugnung und sein steter Wunsch, für andere zu arbeiten, sind ein so beeindruckender Charakterzug.[49] Dass der Herzog von Wellington ihm die Nachfolge im Oberkommando der Armee anbot, durfte der Coburger als Würdigung seiner persönlichen Verdienste verstehen. Dennoch lehnte er ab. Seine Stellung als Gemahl und Berater der Königin lasse sich nicht mit der Funktion eines Exekutivbeamten der Krone vereinbaren, gab er zu bedenken. Im Übrigen war die Arbeitslast, die sich der Prinz aufbürdete, auch ohne dieses hohe Amt erdrückend genug und selbst dann kaum mehr zu bewältigen, wenn man sich eine «strenge Verfassung» gab. Das Lebensrad schien sich von Jahr zu Jahr schneller zu drehen. Der gesundheitlich nie sonderlich gefestigten Konstitution wurde mit geradezu wütender Energie die Bewältigung eines Pflichtenkatalogs abgetrotzt, der den Lebensmotor fast immer auf Hochtouren laufen ließ.

In diesem Pflichtenkatalog nahm die Londoner Weltausstellung von 1851 einen prominenten Platz ein. Der begeisterte Bericht, den einige Mitglieder der Society of Arts, Commerce and Manufactures ihrem Präsidenten Prinz Albert über die Pariser Handels- und Gewerbeschau 1849 abstatteten, ließ die Idee reifen, eine ähnliche Ausstellung auch in England zu wagen. An einer nationalen Warenmesse war der Präsident allerdings nicht interessiert. Was ihn faszinierte, war eine Great Exhibition internationalen Formats, eine Weltausstellung im Zeichen des technisch-wissenschaftlichen, wirtschaftlichen und künstlerischen Fortschritts, Leistungswettbewerb und Friedenswerk durch Völkerbegegnung in einem.

Handel und Industrie waren von dem Projekt entzückt. Die Anhänger des Freihandels sahen sich bestätigt; die immer noch aktiven Protektionisten indessen versuchten, Schwierigkeit auf Schwierigkeit zu türmen, um die kühnen Träume des Prinzen an der Wirklichkeit scheitern zu lassen. Die Bedenkenträger hielten Hof; kein Einwand war albern genug, als dass er die Organisatoren nicht belästigt hätte. Daran änderte sich auch nichts, als nach einem Entwurf Sir Joseph Paxtons, der sich mit der Konstruktion riesiger Gewächshäuser aus Glas und Eisen einen Namen gemacht hatte, in nur

Mathematiker haben berechnet, dass der erste starke Wind den ‹Crystal Palace› umblasen müsse; Ingenieure, dass die Galerien brechen und die Besuchenden erschlagen müssen; Nationalökonomen, dass eine Teuerung in London durch den großen Menschenandrang hervorgebracht werden würde; Ärzte, dass durch den Kontakt mit den vielen Menschenrassen der ‹schwarze Tod› des Mittelalters wie nach den Kreuzzügen erzeugt werden müsse; Moralisten, dass alle Laster der zivilisierten und unzivilisierten Welt England eingeimpft würden; Theologen, dass dieser zweite Turm von Babel auch die Rache des beleidigten Gottes nach sich ziehen werde.

Albert über die Kritiker des Kristallpalasts

63

sechs Monaten Bauzeit die Ausstel-
lungshalle vollendet war. Dem Auge
des Betrachters bot sich im Hydepark
ein kühnes Monumentalgebäude von
563 Metern Länge und 139 Metern
Breite, das nirgendwo seinesgleichen
hatte: eine von einem 24 Meter hohen
Querschiff dominierte fünfschiffige
Eisenskelettkonstruktion aus vorge-
fertigten, gekrümmten Tragrippen
und waagrechten Fachwerkträgern
sowie gläsernem Faltwerk aus ge-
normten Scheiben. 3300 hohle guss-
eiserne Säulen, 2300 schmiedeeiserne
Bögen und 300 000 Glasscheiben setzten ein filigranes, licht und leicht wir-
kendes Bauwerk zusammen, das den
Funktionalismus zum ästhetischen
Prinzip erhob. Die visuelle Wirkung
gab Paxtons Halle den Namen: Kristallpalast.

Dann der 1. Mai 1851. 700 000
Menschen waren auf den Beinen, um
die Königin auf dem Weg zur feierlichen Eröffnung der ersten Weltausstellung zu begleiten. *Es war der größte Tag in unserer Geschichte, das wunder-
barste, imponierendste und packendste
Schauspiel, das man je gesehen und ein Triumph für meinen geliebten
Albert. Es war wirklich ein erstaunlicher, märchenhafter Anblick. [...]
Alberts so teurer Name wird durch dieses große Werk, das sein ureigenstes ist, unsterblich, und mein liebes Land zeigte sich desselben würdig.*[50]
Selbst wenn man den verbalen Ausnahmezustand der königli-
chen Superlative relativiert, gab es Anlass genug, das Damaskuser-
lebnis der gegnerischen Presse zu bestaunen. Plötzlich war all der
Qualm der Entrüstungen und Nörgeleien wie weggeblasen. Die
«Times», die das Projekt bis aufs Messer bekämpft hatte, stammel-
te nur noch verzückt: «Wir finden kaum den Mut zu einer Be-

Die Eröffnung der ersten Weltausstellung am 1. Mai 1851 im
Londoner Kristallpalast. Den prächtig gewandeten Asiaten,
den der Maler Henry C. Selous in der vorderen rechten Personen-
gruppe verewigt hat, hielt das Hofprotokoll für einen chinesischen
Mandarin. Anderntags entpuppte sich der Würdenträger als
Besitzer einer Dschunke auf der Themse, der sich in die diplomatische Gesellschaft eingeschlichen hatte.

schreibung, sie kann der Wirklichkeit überhaupt nicht gerecht
werden. Das geschriebene Wort ist kraft- und machtlos angesichts
dieses gewaltigen Beispiels internationaler Großartigkeit, dieser
überwältigenden Huldigung an Industrie und friedliche Küns-
te.»[51] Ein achtes Weltwunder war zu bestaunen, in dem sich auf
90 000 m² Fläche 14 000 Aussteller mit mehr als 100 000 Expona-

ten präsentierten – von den neuesten Errungenschaften der Technik über Kunst und Kunsthandwerk bis hin zu Allerweltskitsch. Die Königin ließ es sich nicht nehmen, den Kristallpalast nicht weniger als 34-mal mit ihrem Besuch auszuzeichnen. Als am 15. Oktober die Weltausstellung ihre Pforten schloss, war ein Massenansturm von über sechs Millionen Menschen bewältigt worden – ganz nebenbei auch eine logistische und eisenbahntechnische Glanzleistung. Prinz Albert stand auf dem Gipfel öffentlicher Anerkennung, wohl wissend, welch wetterwendische Vorzugsstellung er genoss.

Allen Kassandra-Rufen zum Trotz erwies sich auch der finanzielle Erfolg der Ausstellung als außergewöhnlich: 186000 £ Überschuss. Das ergab den soliden Grundstock für ein neues Großprojekt, dessen Idee und Planung wiederum dem Prinzen zu verdanken waren: den Bau eines gigantischen Bildungszentrums, wofür in South Kensington ein 280 Hektar großes Areal angekauft wurde. In mehr als einem halben Jahrhundert entstand hier ein neuer Stadtteil mit einer Fülle von Bildungs- und Wissenschaftseinrichtungen – neben Museumsbauten (u. a. das heutige Victoria-and-Albert-Museum) Akademien und Colleges für Musik, Kunst und Naturwissenschaften, die nach Alberts volkspädagogischem Konzept allen Bevölkerungskreisen zugänglich zu machen waren. Natürlich ließ sich auch dieser Plan nur gegen erhebliche Widerstände durchsetzen. Doch das Ergebnis, ein Bildungszentrum nach völlig neuen Maßstäben, das der Volksmund bald «Albertopolis» taufte, setzte seinem Schöpfer ein solideres Denkmal als all jene Monumente, für die seine Gattin weder Kosten noch Mühen scheute. Selbst der Kristallpalast, dieses frühe Zeugnis moderner Glasarchitektur, hatte vor der Zeit keinen Bestand, obwohl er nach dem Abriss im Hydepark in Sydenham neu aufgebaut worden war. 1936 fiel er einer defekten Gasleitung zum Opfer, die innerhalb von wenigen Minuten das Querschiff in ein Flammenmeer verwandelte. Neunzig Löschzüge versuchten zu verhindern, was nicht mehr zu verhindern war. Doch «Albertopolis» ist aus London nicht mehr wegzudenken.

Sehnsucht nach Arkadien

Als König Leopold seine Glückwünsche zur Geburt der Tochter Vicky mit der Hoffnung auf weiteren Kindersegen verband, wehrte Victoria erschrocken ab: *Ich meine aber, liebster Onkel, du kannst doch unmöglich wünschen, dass ich die «Mama einer zahlreichen Familie» werde! Denn du wirst ebenso wie ich die große Beschwerlichkeit erkennen, die eine zahlreiche Familie für uns alle mit sich bringen müsste, besonders für das Land, ganz abgesehen von dem Ungemach und der Beschwerlichkeit für mich selber. Die Männer denken nie dran, oder doch nur selten, wie schwer es für uns Frauen ist, das sehr oft durchzumachen. Gottes Wille geschehe, und wenn Er bestimmt, dass wir eine große Zahl von Kindern haben sollen, so müssen wir eben versuchen, sie zu nützlichen und vorbildlichen Mitgliedern der Gesellschaft zu erziehen!*[52]

Eigentlich hatte Victoria auf einige Jahre ungestörter Zweisamkeit mit ihrem Albert gehofft. Kinder? Ja, gewiss, später einmal, schon um der Thronfolge willen. Aber bitte schön nur wenige, damit die Familie hübsch überschaubar bliebe. Doch Gottes Wille geschah. Zwischen 1840 und 1857 schenkte die Königin neun Kindern das Leben – dem letzten, Prinzessin Beatrice, nur 21 Monate vor der Geburt des ersten Enkels. Nach der Entbindung von Viktoria (Vicky), der Princess Royal, im November 1840 folgten im November 1841 Albert Edward (Bertie), der Prince of Wales, und Prinzessin Alice im April 1843; Prinz Alfred (Affie), der Herzog von Edinburgh, wurde 1844 geboren, Prinzessin Helene 1846, Prinzessin Luise 1848; schließlich im letzten Drittel Prinz Arthur, Herzog von Connaught (1850), Prinz Leopold, Herzog von Albany (1853), und Prinzessin Beatrice (1857). Alle Schwangerschaften zusammengerechnet, ergaben fast sieben Jahre biologischen Ausnahmezustand, ein Drittel des 21 Jahre währenden Eheglücks. Das galt in einer Zeit traditioneller Gebärhäufigkeit keineswegs als ungewöhnlich, doch Victoria entwickelte eine instinktive Abwehr, weil sie den Geburtsvorgang als Zumutung und Erniedrigung empfand. *Ich denke mehr daran, dass wir doch in solchen Augenblicken wie eine Kuh oder eine Hündin sind; dass unsere arme Natur so*

Königin Victoria im November 1840 nach der Geburt
der Princess Royal im Wochenbett. Anonyme Zeichnung

ganz tierisch und banal erscheint.[53] Um ihrer «armen Natur» die
Strapazen zu erleichtern, ließ sich die Queen bei den Geburten
ihrer jüngeren Kinder chloroformieren, was zur Popularisierung
dieser neuartigen Narkosetechnik erheblich beitrug. Auf Schwan-
gerschaft und Wochenbett reagierte sie mit Launenhaftigkeit,
Depressionszuständen, Nervosität und jähen Temperamentsaus-
brüchen – zeigte also psychische Wirkungen, mit denen in dieser
Situation nicht wenige Frauen zu kämpfen haben.

Doch leider bekam Victoria ihre Stimmungsschwankungen
auch unter normalen Umständen kaum in den Griff. Während sie
klagte: *Ich bin oft sehr mit mir und meiner geringen Selbstbeherrschung
unzufrieden*[54], mahnte Albert zur Gelassenheit und Mäßigung, gab
sich überlegen und unterzog jeden Streit einer pedantisch genau-
en Analyse. Je mehr er die Logik bemühte, desto impulsiver reagierte sie. Und so geriet sie nicht selten darüber in Wut, dass sie in
Wut geriet, dass sie so wenig Talent zur Selbstkontrolle besaß, dass
Albert sie, das «liebe Kind», wie ein Oberlehrer maßregelte. Noch

jenseits der Sechzig sollte sie ihrem Tagebuch anvertrauen: *Ich fühle, wie traurig unzulänglich, überempfindlich und reizbar ich bin und wie unbeherrscht mein Temperament ist, wenn mich etwas geärgert und verletzt hat. Aber ich bin so überarbeitet, so beunruhigt und besorgt über mein Land, dass das mich entschuldigen muss. Ich will Gott täglich um seine Hilfe bitten, damit ich mich bessere.*[55] Selten ließ die Königin eine Gelegenheit ungenutzt, Probleme verbal aufzublähen. Äußerte sie sich schriftlich, so überschwemmte sie ihre Texte mit Ausrufezeichen und Unterstreichungen aller Art, so als stehe hinter jedem zweiten Satz eine königliche Verordnung. Victoria wurde von vielen Ängsten regiert, lebenslang, vor allem von ihrer Urangst des Versagens, des Ungenügens, weil sie sich selbst nicht vertraute. Und doch hat sie tapfer ihren Sisyphuskampf gekämpft.

So war es denn nicht immer einfach, das Bild häuslichen Glücks, das die Öffentlichkeit zu besichtigen wünschte, zu restaurieren. Wenn es aber restauriert war, dann wirkte es nicht aufgesetzt inszeniert, sondern harmonisch strukturiert als realer Bestandteil einer Lebensgemeinschaft, deren bürgerlicher Zuschnitt den durch die königlichen Vorgänger diskreditierten Thron stabilisieren half. In einer Königin, die ihr hohes Amt mit Pflichteifer, sicherem Ordnungssinn und nimmermüdem Fleiß ausübte, die durch persönliche Schlichtheit und moralische Integrität die Aura der Krone zu stärken vermochte, sah das Bürgertum jene Tugenden verwirklicht, die seinem eigenen Selbstverständnis entsprachen. Dies betraf gerade auch das Privatleben, das Victoria und Albert als *das einzige Glück hienieden*[56] rühmten. «... wir sind dessen eigene Schöpfer und finden darin den sicheren auf Liebe, Freundschaft und Vertrauen ruhenden Boden, von welchem aus wir den Stürmen des Lebens mit Mut und Ruhe entgegensehen können.»[57] *Überhaupt sehne ich mich nach Ruhe. Ich bekomme jedes Jahr weniger Lust zu den so genannten «Vergnügungen der Welt», und wenn es nicht meine Pflicht wäre, Feste zu geben, möchte ich ganz zurückgezogen mit meinem Mann und den Kindern auf dem Lande leben!*[58] Ein bukolisches Sehnsuchtsmotiv als Fluchtpunkt gegen eine sich permanent verändernde Industriewelt, in der es für Misserfolg und Verlust keinen Ablass und für Erfolg und Gewinn keine Rückversicherung gab. Die Königsfamilie avancierte zum vornehmsten Repräsentanten eines Ideals, das von der bürgerlichen

Gesellschaft zum Kraft- und Tugendquell und Hort der Beständigkeit stilisiert wurde. Da aber Ideale die Wirklichkeit nach Utopia zu versetzen pflegen, konnte ihnen die erste Familie des Landes genauso wenig gerecht werden wie der strebsamste Untertan. So ging es auch in den Privatgemächern des Königshauses durchaus profan zu. Die Legenden blieben den Hagiographen vorbehalten.

Victoria hatte schon bald nach der Hochzeit den Lebensmittelpunkt von Buckingham Palace nach Windsor Castle verlegt, da Albert die ländliche Atmosphäre dem hauptstädtischen Trubel vorzog. Um aber *in der ruhigen Zurückgezogenheit des Privatlebens verweilen* zu können *und nicht ständig Gegenstand der Beobachtung und von Zeitungsartikeln*[59] sein zu müssen, erstand Albert durch Peels Vermittlung auf der Insel Wight vor der Südküste Osborne House, einen 400 Hektar großen Landsitz; drei Jahre später kam im schottischen Hochland, zunächst in Pacht, das Schlösschen Balmoral hinzu. 1852 wurde das Anwesen gekauft und dort nach Alberts Plänen im viktorianischen Baronialstil ein Neubau errichtet. Zuvor schon hatte der Prinz Osborne House nach eigenen Architekturentwürfen eine italienische Fassung gegeben und auch die Gestaltung der Gartenanlagen persönlich geleitet. Die Queen konnte sich keinen *hübscheren Fleck Erde vorstellen – Täler und Wälder, die überall schön wären; all dies aber dicht an der See (die Wälder wachsen in die See hinein) gleicht der Vollkommenheit selbst; wir haben auch einen entzückenden Badestrand ganz für uns allein. [...] Und dann können wir überall spazieren gehen, ohne verfolgt oder angepöbelt zu werden.*[60] Balmoral hingegen begeisterte sie wegen *seiner prachtvollen Szenerie und himmlischen Luft, seiner Einsamkeit und dem Mangel an Kontakten mit all den armseligen Frivolitäten und Äußerlichkeiten dieser sündigen Welt!*[61]

Zwei Arkadien waren gefunden, die in den Ehejahren die Sehnsucht nach «Sans souci» zu erfüllen schienen und im Witwenstand die konkret fassbare Verbindung zu einer glücklicheren Vergangenheit herstellten. Osborne und Balmoral, die See und das Hochland, bedeuteten Freiheit, belebten die seelische Konstitution. Der Umgang mit den Menschen war hier, trotz der Etikette, unkomplizierter und direkter. Albert werkelte und pflanzte (Osborne) oder widmete sich ausgiebig seinen Jagdpassionen (Balmoral), Victoria ließ sich im Einspänner durch die Landschaft kutschie-

Königliche Refugien: Osborne House (oben) in einem Aquarell von William Leighton Leitch, 1851, und Schloss Balmoral (unten) in einem Gemälde von August Becker

ren, die Kinder spielten in einem eigens importierten Schweizer Häuschen (Osborne), das Ehepaar unternahm weite Ausflüge, vor allem in Schottland, wo es sich, nur von einem Diener begleitet, gelegentlich mit Incognito-Reisen vernügte.

In Victorias vierzig Witwenjahren waren Osborne und Balmoral als königliche Residenzen fest in den Jahresablauf integriert – sehr zum Leidwesen der Politiker, die dorthin zitiert wurden. Vor allem das 800 Kilometer und vierzehn Bahnstunden von der Hauptstadt entfernte Balmoral war geradezu verhasst. Mochten ihre Minister alt und gebrechlich sein, mochte das Ergebnis einer persönlichen Aussprache in keinem Verhältnis zum strapaziösen Reiseaufwand stehen, Rücksichtnahme gehörte nicht gerade zu den königlichen Tugenden. Selbst bei Regierungskrisen ließ sich die alternde Königin nur ungnädig herbei, ihre Reisedisposition zu ändern, um einen effizienteren Kontakt mit den Politikern zu ermöglichen. Victoria liebte den Wechsel ihrer Aufenthalte, aber nur innerhalb fester Bezugspunkte, an die sie sich geradezu verbissen klammerte.

Die Widersprüche des Charakters sind die Falten in der Seele eines Menschen. Victoria hatte viele Falten, differenziert in den Konturen und eigenwillig ausgeprägt. Gerade das macht wohl das Unverwechselbare einer Persönlichkeit aus, deren Wesensart nicht mit glatter Politur überzogen ist. Nie gab es in ihrem Verhalten ein Entweder-Oder, immer ein Sowohl-als-auch. Sie war, um es in den Worten ihrer Biographin Elizabeth Longford zu sagen, «selbstlos und rücksichtslos, taktvoll und verletzend, voll Mitgefühl und unerbittlich, geduldig und reizbar, offen und ausweichend, unwiderstehlich charmant und knisternd von ‹abweisender Energie›. [...] Sie war distanziert und anhänglich, unheilbar schüchtern und bewundernswert gelassen, jede Unze eine Bourgeoise und jeder Zoll eine Königin.»[62] Widerspruch als geistig-seelische Grundbedingung – das führte zu mancherlei Eigenwilligkeiten, die keineswegs immer von Launen inspiriert waren, sondern als Konflikte zwischen innerer Notwendigkeit und instinktiver Abwehr empfunden wurden. Gerade das gesellschaftlich verordnete Rollenbild von Mann und Frau bietet hierfür ein zentrales Beispiel.

Denn es begab sich etwas Sonderbares. Diese Frau, die ihre Geschlechtsgenossinnen um deren Rolle als liebend sorgende Gattinnen am häuslichen Herd beneidete, die in der Funktion als Stütze und Helferin des Mannes weibliche Lebenserfüllung garantiert sah und aus voller Überzeugung die familiäre Herrschaftsgewalt des Ehe- und Schutzherrn bejahte, sperrte sich gegen einen wesentlichen Bestandteil patriarchalischen Selbstverständnisses: gegen dessen «Recht» auf sexuelle Dienstbarkeit der Ehefrau. Victoria entdeckte ein ungleiches, unwürdiges Machtspiel, das selbst den ansonsten *vollkommenen* Albert als unvollkommen auswies. *Die Verachtung unseres armen, erniedrigten Geschlechts – denn zu was sonst sind wir armen Kreaturen geschaffen als zur Lust und zum Vergnügen des Mannes und zu endlosen Leiden und Plagen? – steckt in der Natur aller schlauen Männer. Nicht einmal Papa ist davon ausgenommen, obwohl er es nie zugeben würde. Er lacht und höhnt über unsere unvermeidlichen Unpässlichkeiten, wenn er auch den Mangel an Zuneigung, Aufmerksamkeit und Schutz für Frauen hasst [...].*[63] Unversehens rutschte Albert vom Kothurn des Mustergatten. Nicht genug, dass er, seltsamer Widerspruch, über die Schwangerschaftsleiden gespottet und gleichzeitig mangelnde Ritterlichkeit gehasst haben soll, ihm blieb sogar der Vorwurf nicht erspart, wie «alle schlauen Männer» insgeheim das weibliche Geschlecht zu verachten.

Tochter Viktoria, die, jung verheiratet mit dem preußischen Kronprinzen, selbst gerade ihre ersten beiden Kinder zur Welt gebracht hatte, dürfte diese intimen Briefbekenntnisse ihrer Mutter nicht ohne Irritation gelesen haben. Und auch die Fortsetzung dieser Konfessionen von Frau zu Frau förderte Erstaunliches zutage: Kinder seien undankbar, machten mehr Sorgen als Freude und seien eine schreckliche Belastung, eine große Familie sei ein Unglück, und was Babys betreffe, so hasse sie *ihre unangebrachte Vergötterung und die ekelhaften Umstände ihrer animalischen Existenz, die ich nicht sehen will*[64]. Da lag der Gedanke nahe, dass Vicky und ihre Geschwister als Kinder der Mutter im Grunde nur lästig gewesen waren.

Diese instinktive Abwehr mochte der Tochter umso rätselhafter erscheinen, weil sie sich des unprätentiösen, mehr Licht als Schatten spendenden Familienlebens ihrer Kinder- und Jugendzeit nur zu deutlich erinnerte. Die Königin lieferte den ihr eigenen Widerspruch zum Rollenklischee als Ehefrau und Mutter. Sie bejahte den Paternalismus in Politik und Gesellschaft aus vollem Herzen, rebellierte aber gegen die biologischen Folgen ehelicher

Zweisamkeit; sie bejahte die Familiengemeinschaft als gottge-
wolltes Ordnungsprinzip der Gesellschaft, sperrte sich aber als
Mutter gegen einen intimen und spontanen Kontakt mit ihren
Kindern: *Nur ausnahmsweise finde ich den vertrauteren Umgang mit
ihnen angenehm oder leicht.* Warum? *Zuerst bin ich eigentlich nur wirklich à mon aise und ganz glücklich, wenn Albert mit mir ist; zweitens bin
ich gewohnt, meine vielen Geschäfte ruhig für mich zu treiben; dann bin
ich ganz allein aufgewachsen und immer an den Umgang mit erwachse-
nen (und gar nicht mit jüngeren) Personen gewöhnt.*[65] Erst als Erwachsene durften die Kinder ihrer Mutter näher treten. Gleichwohl
hatten sie in diesem zweiten Beziehungsstadium eher Gunstbe-
weise aus Zuneigung als innerste Anteilnahme aus Liebe zu
erwarten. Denn was die Queen unter Liebe verstand, war so ausschließlich mit Alberts Existenz verknüpft, dass sich selbst die al-
lernächsten Verwandten mit ihrer reduzierten Form, der Zuneigung, begnügen mussten.

Eine Sonderrolle spielte die preußisch-deutsche Kronprinzessin. Vicky wurde, wie die fast 8000 Briefe umfassende Korrespondenz zwischen Windsor und Berlin belegt, zur intimen Vertrau-
ten und Freundin. Dies hatte nicht zuletzt mit Alberts frühem Tod
zu tun. Vicky – hoch intelligent und ehrgeizig, vital und ausdauernd – war eine typische Vater-Tochter. Er war ihr Lehrer, ihr Vorbild, ihr Maßstab. Zu keinem seiner Kinder hatte der Prinzgemahl
eine so tiefe emotionale Bindung wie zu seiner Ältesten, in der er
seine eigene geistige Konstitution wieder erkannte. Kein Zweifel,
diese Tochter wäre eine kompetente Nachfolgerin auf dem englischen Königsthron gewesen. Dass Vicky nach Alberts Tod so engen Kontakt zu ihrer Mutter fand, hängt gewiss auch mit der Notwendigkeit zusammen, die Stellung der Berliner Kronprinzessin
zum intensiven politischen Meinungsaustausch zu nutzen; doch
Victoria sah in Vicky, vielleicht unbewusst, vor allem Alberts
«Wotans-Kind»[66], das symbolhaft das geistige Band mit dem Unersetzlichen fortsetzte. Daraus ergab sich ein emotionaler
Brückenschlag von Gleich zu Gleich – ja, mehr noch: in scho-
nungsloser Offenheit gegen sich selbst bekannte die Queen: *Du
bist so gebildet und hast so viel Freude an tiefen, philosophischen Büchern,
dass du mir weit überlegen bist [...]. Du aber bist ganz das Kind deines
guten, geliebten Vaters.*[67] Der Ausnahmerang war beglaubigt.

Königin Victoria 1852 im Kreis ihrer Kinder (von rechts):
Vicky, Bertie, Helene, Alice und Alfred.

Albert Edward, der Thronfolger, den die Familie zum Bertie ernannte, durfte auf solche Anerkennung nicht hoffen; er hätte sie auch nie erwartet. Von intellektuellen Skrupeln wurde er nicht infiziert. Der Vater attestierte ihm zwar Sachverstand und Beobachtungsgabe, doch waren diese Talente eher aufs Praktische gerichtet, wurden zudem durch mangelnden Ehrgeiz an ihrer vollen Entfaltung gehindert. So hinterließen in Berties Biographie weder Oxford noch Cambridge gravierende Spuren. Die Mutter warf dem Sohn Trägheit und Gleichgültigkeit vor und erkannte in ihm *ein Zerrbild meiner selbst, das ist das ganze Unglück*[68]. Seine Nervosität, sein Jähzorn, sein Mangel an geistigen Bedürfnissen, seine Unfähigkeit zu souveräner Großmütigkeit, seine innere Unsicherheit, die keine befreiende Selbstironie zuließ – all das erschien der Mutter wie eine Wiedergeburt eigener Unzulänglichkeiten. Andere hätten das allenfalls seufzend, aber schon um des Selbst-

75

schutzes willen verständnisvoll zur Kenntnis genommen. Nicht so Victoria. Rigoros in ihrer Selbstkritik, reagierte sie nicht minder rigoros gegenüber ihrem «Zerrbild», was ständige Ermahnungen und Vorhaltungen zur Folge hatte. Anderes als die Wahrnehmung repräsentativer Pflichten traute sie ihrem Sohn nicht zu. Und so bummelte der Prince of Wales, die Mutter mehr fürchtend als liebend, ohne ernsthafte Aufgabe durchs Leben.

Dezember 1850: *Unglücklicherweise hat es Lord Palmerston fertig ge-bracht, dass wir von allen Parteien draußen gehasst werden, dass wir unsere Stellung und unseren Einfluss verloren haben, welcher angesichts des blühenden Zustandes unseres Landes während all der europäischen Erschütterungen immens sein müsste. Das ist es, was mich schmerzt und so tief bedrückt.*[69] Victorias königlicher Zorn galt einem Außen-minister, der sein Amt, von einer insgesamt fünfjährigen Unter-brechung abgesehen, seit 1830 ausübte. Fünfzehn Jahre Chef des Auswärtigen Amts und vor dieser Karriere bereits sechzehn Jahre Kriegsminister, das war eine geradezu einschüchternde Demon-stration ministerieller Präsenz. Henry John Temple, Viscount Palmerston, außenpolitisch liberal, innenpolitisch ein in der Wol-

Henry John Temple,
3. Viscount Palmerston,
Gemälde eines unbe-
kannten Künstlers,
um 1860

le gefärbter Tory, liebte die Macht, mehr noch die Reizwirkungen des Machtspiels mit ihren gezielten Provokationen, Turbulenzen und Täuschungsmanövern.

Er war ein Spieler, kein Hasardeur. Hatte er bis zum Äußersten seine Trümpfe ausgereizt, dann steckte er zurück, nur um den günstigsten Augenblick für einen neuen Coup abzuwarten. Lebenslange Erfahrungen, denen Misserfolge fremd waren, formten ein Selbstbewusstsein aus aggressiver Überheblichkeit und jovialer Gestik. Das bekannte Wort von Franz Josef Strauß, ihm sei egal, wer unter ihm als Bundeskanzler amtiere, hätte auch dieser Lord Palmerston für sein Verhältnis zu Premierminister Lord John Russell in Anspruch nehmen können. Der im Volk allseits beliebte Minister beließ es nicht dabei, Russell wichtige Entscheidungen vorzuenthalten und ihn zu desavouieren – was der aus Furcht vor einem Oppositionsführer Palmerston hinnahm; auch und vor allem die Königin forderte der Mächtige mit seiner Politik der vollendeten Tatsachen heraus. Anweisungen an die Botschafter wurden ohne Victorias Genehmigung herausgegeben, Schreiben an die Monarchin im Außenministerium geöffnet, Informationen zurückgehalten, Ministerentscheidungen über die Zeitung mitgeteilt, Depeschen nicht zur Stellungnahme nach Windsor überstellt, Personalvorschläge der Krone ignoriert. Ihre Majestät war mit aller Entschiedenheit «not amused» und geizte nicht mit ungnädigen Reaktionen. Es war an der Zeit, diesem «Pilgerstein» – so der Spottname für den Ungeliebten – klarzumachen, wer der Herr im britannischen Hause war.

Die königlichen Sendschreiben machten jedoch rasch deutlich, dass in der Argumentation Prinz Albert federführend war. Er war der eigentliche Gegenspieler. Was sich missverständlich als Auseinandersetzung zweier Generationen hätte abtun lassen – Palmerston war 35 Jahre älter als das Königspaar –, war de facto eine Konfrontation, in der es um eine Grundsatzentscheidung des britischen Konstitutionalismus ging. Ohne es je definitiv auszusprechen, gab Palmerston durch sein Verhalten zu verstehen, dass sich die Krone nicht in die Außenpolitik einzumischen habe. Gerade dies aber betrachteten Victoria und Albert als unverzichtbares Recht. Entsprechend energisch und zäh gingen sie an dessen Verteidigung heran, auch wenn dabei für Vordergründiges viel

Tinte verbraucht wurde. Es war von Palmerstons unerträglichem Benehmen gegenüber seiner Herrscherin die Rede, von den gefährlichen Brüskierungen des Auslands, die die Königin auszubaden habe, von mangelndem Gehorsam und provozierenden Eigenmächtigkeiten.

Ab 1848 verschärfte sich der Konflikt durch massive Meinungsverschiedenheiten über den außenpolitischen Grundkurs. Während das Königspaar nach traditionellem Muster in den dynastischen Verflechtungen der europäischen Höfe das probate Mittel zur Stabilisierung der internationalen Beziehungen sah, erklärte Palmerston das Vereinigte Königreich zum Verbündeten jeder Befreiungsbewegung auf dem Kontinent und brachte damit die Völker als politischen Machtfaktor ins Spiel. Indem er den Liberalismus als außenpolitisches Instrument nutzte, desavouierte er das dynastische Denken der europäischen Höfe. Dass er den Freiheitskampf Italiens gegen Österreich unterstützte, entsetzte die Königin schon aus innenpolitischen Gründen. Welche Rückwirkungen würde dies auf Irland haben, mit dessen Emanzipationsbestrebungen man sich in Whitehall und Westminster zunehmend befassen musste? Der Pragmatiker Palmerston ließ sich von dieser Frage nicht beeindrucken. So wie er die Italiener, Ungarn und Polen gegen deren Obrigkeit unterstützte, so würde er im eigenen Land irischen Separatismus jederzeit bekämpfen. Ein Widerspruch, gewiss, doch indem Palmerston außenpolitischen Liberalismus und innenpolitischen Konservatismus zusammenzwang, gelang es ihm, die heterogenen Kräfte Großbritanniens in Schach zu halten.

Es ist wirklich ganz unmoralisch, dass wir Österreich dazu drängen, seine rechtmäßigen Besitzungen aufzugeben – in einem Augenblick, da Irland unter unserem Zugriff zuckt und jeden Augenblick bereit ist, seine Untertanenpflicht abzuschütteln. Was sollen wir sagen, wenn Kanada, Malta usw. anfangen, uns Schwierigkeiten zu machen? Ich bin tief verletzt.

Königin Victoria

Der Versuch des Hofes, den ungeliebten Außenminister zu entlassen bzw. in andere Ämter wegzuloben, scheiterte ebenso wie ein Misstrauensvotum im Parlament. Stattdessen gab es weitere Provokationen, die in Windsor helle Empörung und in der Downing Street ohnmächtigen Zorn auslösten. Dann kam der 2. Dezember

1851. Paris meldete den Staatsstreich des Präsidenten der Zweiten Republik, des künftigen dritten Napoleon. Die Königin forderte Englands strikte Neutralität, Premierminister Russell erklärte namens seines Kabinetts Englands strikte Neutralität – Außenminister Palmerston beglückwünschte den französischen Botschafter zu dem erfolgreichen Umsturz und bekräftigte dies noch einmal in einer Depesche an den englischen Botschafter in Paris. Weder die Königin noch ihr Erster Minister hatten von dieser Depesche eine Ahnung. Nun war auch Lord Russell mit seinem Latein am Ende. Was das Königspaar mit allem Nachdruck immer wieder gefordert hatte, war jetzt unumgänglich geworden: Lord Palmerstons Entlassung. Der Bogen war endgültig überspannt. Während Victoria jubelte: *Jetzt ist er endlich für immer das Außenamt los*[70], reagierte Albert skeptisch: «Palmerston bleibt das Quecksilber im Amalgam und droht, jede Mischung zum Springen zu bringen.»[71]

Der Prinz sah die Stunde günstig, die königlichen Prärogative in der Außenpolitik nach seinen Vorstellungen zu festigen. Zunächst betonte die Königin gegenüber der Regierung ihr *ungeschmälertes Recht, die Wahl eines Ministers für sein Amt zu bestätigen oder nicht zu bestätigen*[72], um sodann die Regierung mit der Aufforderung zu überraschen, sie wünsche ein Programm mit definitiven Richtlinien für die Außenpolitik vorgelegt zu bekommen, einen Leitfaden politischer Prinzipien, an denen sich jeder künftige Chef des Außenamts orientieren müsse. Lord Russell ließ sich auf eine solche Bindungsklausel nicht ein. Sie entsprach nicht englischem Pragmatismus, sondern deutschem Schematismus, mit dem Albert glaubte, die Zukunft katalogisieren zu können. Der Premier beschied seine Souveränin mit dem Hinweis, «dass es traditionelle Politik unseres Landes ist, die Krone und das Land nicht durch Vereinbarungen zu binden, wenn dafür nicht besondere Gründe vorliegen, die sich aus den Zeitverhältnissen ergeben».[73]

Dass die Königin und ihr Gemahl 1851 nur einen Scheinsieg errungen hatten, bekamen sie alsbald zu spüren. Palmerstons parlamentarische Hausmacht trug wenige Monate später zum Rücktritt des Kabinetts Russell bei; die folgende Tory-Regierung des Earl of Derby blieb Episode; und so saß der «Pilgerstein» übers Jahr, im Dezember 1852, erneut am Kabinettstisch, diesmal als Innenminister in der Koalitionsregierung (Whigs und Peeliten) George

Hamilton-Gordons, des 4. Earl of Aberdeen. Das Königspaar hatte die Fortsetzung seiner Ministerkarriere nicht verhindern können, immerhin aber seine Rückkehr ins Außenministerium. Für den erfolgsverwöhnten Viscount dürfte diese Einschränkung schmerzlicher gewesen sein als er sich selbst zugeben mochte, denn gerade jetzt trat die britische Außenpolitik übermächtig ins öffentliche Bewusstsein.

Gefahr war im Verzuge, als sich der russische Zar Nikolaus I. mit seinem Vorschlag, den fortschreitenden Verfall des Osmanischen Reichs zu nutzen und gemeinsam mit Großbritannien die Türkei aufzuteilen, in London einen Korb holte und darauf mit der Besetzung der Donaufürstentümer, Moldau und Walachei, reagierte. Dass als Interventionsgrund eine Schutzverpflichtung für die Heiligen Stätten in Palästina ausgegeben wurde, zählte zu jenen machtpolitisch üblichen Dreistigkeiten, an denen es diplomatische Camouflage noch nie hat fehlen lassen. Auch in London und Paris zerbrach man sich nicht über die heiligsten Güter des Christentums den Kopf. Großbritannien sah seine Handelswege nach Indien und das europäische Gleichgewicht bedroht, Frankreich spekulierte auf einen außenpolitischen Prestigeerfolg, mit dem Napoleon, der sich gerade erst zum Kaiser befördert hatte, sein Regime aufzuwerten hoffte. Und so bildete sich zum Schutz der Hohen Pforte eine Allianz, die angesichts der bisherigen britischen Verteidigungspolitik gegenüber Frankreich durchaus nicht selbstverständlich war.

Die Lage spitzte sich dramatisch zu, als die Hohe Pforte Anfang Oktober 1853 Russland den Krieg erklärte. Sosehr Victoria auch der russische Despotismus schon aus moralischen Gründen zuwider war, sie warnte ihre Regierung zu Recht vor einem Blankoscheck für die Türken, der Konstantinopel die Initiative überlasse und die Westalliierten für die Konsequenzen haftbar mache. Albert hielt eine britische Beteiligung am Krieg um die Donaufürstentümer für unvermeidlich, nicht so sehr, weil nationales Handelsinteresse auf dem Spiel stand, sondern sein idealistischer, eurozentrisch geprägter Freiheits- und Zivilisationsbegriff. «Ein solcher Krieg würde nicht um die Integrität des Osmanischen Reiches geführt werden, sondern nur um der Interessen des zivilisierten Europas willen. Er sollte frei von Verpflichtungen gegenüber der Pforte unternommen werden und würde vermutlich zu Vereinbarungen führen, die eher mit den wohlverstandenen Interessen Europas, seiner Freiheit und Zivilisation harmonieren als mit der Wiederherstellung des barbarischen und despotischen Jochs der Moslems über diese so fruchtbaren und wertvollen Teile Europas.»[74]

Während Premierminister Lord Aberdeen samt Kabinettsmehrheit mit dem Säbel rasselte, ihn aber nicht zog, forderte Innenminister Palmerston energisch den Einsatz Ihrer Majestät Truppen. Als Mitte Dezember bekannt wurde, dass die Russen am 30. November die türkische Flotte im Hafen von Sinope vernichtet hatten, die im Schwarzen Meer ankernden britischen Kriegsschiffe aber nicht eingriffen, erklärte der Innenminister unter dem Vorwand, einem von Russell vorgelegten Gesetzentwurf zu einer Parlamentsreform nicht zustimmen zu können, seinen Rücktritt. Die Königin ließ ihn nicht ungern ziehen, auch wenn damit zu rechnen war, dass er im Parlament als Führer der Kriegspartei die Regierung unter massiven Druck setzen würde.

In der britischen Öffentlichkeit hatte der russische Coup von Sinope eine solche Kriegseuphorie ausgelöst, dass man glauben mochte, die «Falken» hätten alle «Tauben» von den Inseln vertrieben. Als in dieser emotional aufgeheizten Situation bekannt wurde, der populäre Innenminister sei zurückgetreten, weil er sich im Kabinett mit seiner Kriegspolitik nicht durchsetzen konnte, entstand ein Gemisch aus Enthusiasmus und Empörung, das, von der Palmerston-freundlichen Presse tatkräftig unterstützt, die Hysterie der Volksseele endgültig entflammte. Da aber jede Aggression ein Ziel benötigt, sah sich Prinz Albert plötzlich ins Visier genommen und einem Pressefeldzug ausgesetzt, der in seiner Infamie nicht seinesgleichen hatte.

Beste Gelegenheit also für die Hoch-Tories, die Alberts Zusammenarbeit mit

Die umfassende Bildung des deutschen Prinzen [...] war dem halb irischen, halb englischen Staatsmann völlig fremd. Der etwas ungebärdige Mut angesichts geringerer Gefahren und der aufdringliche Gebrauch stets wirksamer, aber nicht immer geistreicher Gemeinplätze, die Lord Palmerstons Fehler ausmachen, irritierten den Prinzen Albert, der die Vorsicht und den Mut des Gelehrten besaß.
Walter Baghot über Prinz Albert und Lord Palmerston

dem inzwischen verstorbenen Peel nicht vergessen hatten, alte Rechnungen zu begleichen. Der Gemahl der Königin wurde als ein Ausländer «entlarvt», ohne dessen verderblichen Einfluss der patriotische Innenminister seinen Posten nie und nimmer hätte verlassen müssen. Die radikale «Daily News» verdächtigte den Deutschen geheimer Verbindungen mit den Russen und verglich ihn mit Schmarotzern an früheren englischen Höfen; der konservative «Morning Herald» gab sich mit der Forderung, Baron Stockmar als Ratgeber zu entfernen, nicht zufrieden, sondern veröffentlichte eine anonyme Leserattacke, in der das Publikum über Alberts regelmäßige Teilnahme an den Gesprächen zwischen Queen und Premier aufgeklärt wurde: «Bei diesen Gelegenheiten bescheidet sich Seine Königliche Hoheit nicht mit der Rolle eines stillen Zuhörers, sondern spielt bei den Beratungen eine aktive, oftmals führende Rolle. […] Der Bogen ist einfach überspannt, dass jemand, der nicht einmal von Geburt her Engländer ist, unter allen Administrationen gleichzeitig Außenminister, Oberbefehlshaber und Premierminister sein soll.»[75] Der «heimliche König» hinter dem Thron war entdeckt, ein Mann, der mit ausländischen Höfen gegen englische Interessen konspirierte. So einem Intriganten und Verräter war alles zuzutrauen. Während sich Albert in ein Irrenhaus versetzt glaubte, erreichte das ungezügelte Regiment der Leidenschaften mit dem Gerücht seinen Höhepunkt, der Prinz sei als Hochverräter verhaftet und werde in den Tower überführt, ja, selbst die Königin habe man arretieren müssen. Doch vergebens platzte man vor Neugier. Frustriert zogen sich die sensationswütigen Gaffer vom Tower zurück.

Plötzlich dann der Temperatursturz öffentlicher Erregung, als Lord Palmerston seinen Rücktritt als Missverständnis über Russells Reformgesetz abtat und an den Kabinettstisch zurückkehrte. Sollte es Spuren gegeben haben, die dem Innenminister hätten nachweisen können, dass er die Presse mit Insider-Informationen gegen Albert munitionierte, so hat er sie jedenfalls sorgfältig verwischt. Niemand mehr wollte jetzt für die unfairen Attacken verantwortlich sein. Beide Häuser des Parlaments, Ober- und Unterhaus, gaben Prinz Albert Genugtuung, Aberdeen und Russell wiesen alle Angriffe energisch zurück. Die Emotionen hatten sich ausgerast.

Eines aber ließ sich nach dieser Kampagne nicht mehr leugnen: Alberts verfassungsmäßig zwiespältige Stellung. Er selbst hatte zwar die Wirkungskraft seines Einflusses nie heruntergespielt, doch öffentlich war der politisch scheinbar Unauffällige erst jetzt auffällig geworden. Mochten seine Verdienste um das Land noch so bedeutend sein, für seine umfassende, von der Gemahlin gewünschte Aufsicht über die Amtsgeschäfte der Krone gab es in der Verfassung keinen Präzedenzfall. Weder eine «Beförderung» zum King Consort, die sich Victoria bereits anfangs der Ehe sehnlichst, aber vergebens gewünscht hatte, noch die späte Erhebung zum Prince Consort, zum Prinzgemahl, die die Queen anno 1857 als eine Art Kompromiss endlich durchsetzen konnte, hätten seinen tatsächlichen Einfluss auf die Krone präzisieren können, denn beiden Titeln fehlte es an einer exakten Beschreibung der damit verbundenen Befugnisse. Regierung und Parlament hatten zwar das Ende der Albert-Kampagne zu der offiziellen Feststellung genutzt, der Prinz habe das Recht, die Königin beratend zu unterstützen, doch das Ausmaß dieser Beratertätigkeit war damit keineswegs definiert. Insofern bestätigte diese Erklärung lediglich den Status quo ante, was Albert nur recht sein konnte.

Um was es ihm im Kern ging, war eine politische Stärkung der Krone, so wie sie sein Mentor Stockmar bereits 1850 in einer Denkschrift formuliert hatte. Nach Stockmars Vorstellungen hatte der Souverän dem Ministerrat zu präsidieren; mehr noch: Er sollte als ständiger Premierminister dem jeweiligen Premierminister der Regierung übergeordnet sein – eine Forderung, die den Verfassungsgrundsatz der Ministerverantwortlichkeit außer Kraft gesetzt und der Krone einen politischen Handlungsspielraum zugestanden hätte, der mit dem Prinzip ihrer Nichtverantwortlichkeit unvereinbar war. Während Premierminister Russell seinerzeit diese Denkschrift akzeptiert hatte, war Lord Palmerston keinen Augenblick bereit, eine solche Machtverschiebung auch nur zu diskutieren. Entsprechend hartnäckig trat er Albert entgegen. Und die Königin belehrte er noch 1859: «Nach dem Grundsatz der britischen Konstitution kann der Souverän kein Unrecht tun, was aber nicht heißen soll, dass unter königlicher Autorität kein Unrecht getan werden könnte; es bedeutet, dass, wenn Unrecht getan wird, der Staatsdiener, der zu der Handlung riet, und nicht der Souverän für das Unrechttun verantwortlich bleibt. Denn es sind die jeweiligen Minister der Krone, die nach der Verfassung in letzter Instanz für alle Verwaltungshandlungen verantwortlich gemacht werden.»[76]

Alberts Vorstoß, der englischen Krone zu neuer politischer Macht zu verhelfen, war der Versuch, das Rad der Geschichte zurückzudrehen. Wo aber die Tätigkeiten eines konstitutionellen Monarchen «würdig, förmlich, wichtig, niemals aber aufregend» genannt werden, weil sie nichts enthalten, «was ein lebhaftes Temperament anregen, eine hohe Vorstellungskraft erwecken, ungestüme Gedanken überwinden könnte»[77], da waren solche Machtspiele zum Scheitern verurteilt. Nach Palmerstons Sturz als Außenminister sollte es der Königin nie wieder gelingen, die Entlassung eines Kabinettsmitglieds durchzusetzen. Der ungleich mehr gehasste Gladstone, die Plage ihres Alters, sollte als Premier gleich vier Kabinette bilden und insgesamt fast zwölf Jahre regieren, ohne dass dies die Herrscherin hätte entscheidend beeinflussen oder gar verhindern können.

Albert, immer wieder Albert – jetzt auch im Krimkrieg, der nicht mehr zu vermeiden war, nachdem der Zar im März 1854 ein englisch-französisches Ultimatum abgelehnt hatte, die Donaufürstentümer zu räumen. Die Lektüre der Aktenkonvolute musste selbst den feurigsten Patriotismus abkühlen. Die Seemacht war für den Landkrieg nur mangelhaft gerüstet, die Organisation chaotisch, die Befehlsstruktur antiquiert, die Zusammenarbeit zwischen den Alliierten durch Rivalitäten und Machtgehabe ein Alptraum. Überall fand der Prinz Sand im Getriebe der Kriegsmaschinerie, entdeckte er Missstände. Kein Verantwortlicher, keine Behörde blieb von Alberts Forderungen und Vorschlägen und von Victorias Mahnungen verschont. So lästig den Adressaten diese Korrespondenz war, die sie als Einmischung in ihren Kompetenzbereich auffassten, das Königspaar ließ nicht locker, und wo der ministerielle Amtsschimmel zu bocken versuchte, da erzwang mehrfach die normative Kraft des Faktischen die Beachtung und Umsetzung der Empfehlungen. Als es über die Bildung einer Untersuchungskommission zur Aufdeckung militärischer Missstän-

Holzstich aus den «Illustrated London News» vom 3. Februar 1855 zum Krimkrieg: das Schlachtfeld von Inkerman am 5. November 1854 während des Rückzugs der Russen

de im Kabinett Aberdeen zu gravierenden Meinungsverschiedenheiten kam, brach die Regierung auseinander.

Ausgerechnet in dieser Krise schoben sich die Eitelkeiten und Animositäten der führenden Politiker wie kaum je in den Vordergrund, sodass alle Planspiele für ein neues Kabinett mehr Fragen aufwarfen als Antworten gaben. Allein der mächtige Lord Palmerston bot die Gewähr für eine solide Regierungsbildung, sodass auch die Queen zugestehen musste: *Mir blieb nichts anderes übrig. Die Whigs werden sich ihm anschließen, und ich habe Hoffnung, auch die Peeliten, was sehr wichtig wäre und dazu dienen könnte, die Befürchtungen zu beschwichtigen, die, wie ich fürchte, sein Name draußen auslösen wird.*[78] Natürlich ging auch die Zusammenarbeit mit Palmerston als Premierminister nicht ohne Reibereien ab. Dennoch begannen sich die Beziehungen zwischen Hof und Downing Street merklich zu entspannen. Die energische Tatkraft, mit der der siebzigjährige Staatsmann auf die letzte Phase des Krimkriegs Einfluss nahm, nötigte der Königin und dem Prinzen Respekt ab; und auch Palmerston war bereit, Alberts unermüdlichen Einsatz als Ratgeber, Warner und Organisator zu würdigen.

Krieg als Mittel der Politik war Victoria im Grunde ihres Herzens zuwider. Wo immer in Europa militärische Konflikte drohten, versuchte sie ihren Einfluss geltend zu machen, um das Ärgste zu verhindern; und wo sie es nicht verhindern konnte, was die Regel ohne Ausnahme war, da drängte sie auf einen raschen Frieden. Was den Krimkrieg betraf, so stand das Vereinigte Königreich selbstredend nur deshalb im Feld, weil es *Europa von den arroganten und gefährlichen Absichten der barbarischen Macht Russland bewahrt zu sehen wünschte*[79]. So ritt Ihre Majestät im Namen der Zivilisation die hohe Schule der Selbstlosigkeit, während die Regierung die nationalen Interessen am Kabinettstisch diskutierte. Lässt man diese moralisch begründete Propaganda, an die Victoria selbst glaubte, beiseite, so unterschied sich ihr Kriegsbegriff in einem wesentlichen Punkt von dem der meisten Herrscher: Victoria kannte natürliches Mitleid, persönliche Anteilnahme für ihre Soldaten. So bereitwillig sie dem Zeitverständnis tributpflichtig blieb und die Heimkehrer bei der Überreichung der Tapferkeitsmedaillen als vaterländische Helden feierte, so spontan erinnerte sie auch an die Leiden der Verletzten, an das Entsetzen, das sie beim Anblick der Verstümmelten empfand. Wo andere Herrscher sich allenfalls mit Phrasen begnügten, reagierte sie mit emotionaler Offenheit.

Weder Königin Victoria noch Prinz Albert haben auf den Verlauf des Krimkriegs jenen direkten Einfluss nehmen können, der ihrem Souveränitätsverständnis entsprach. Auch ohne Weisungsbefugnis war die Autorität der Krone jedoch stark genug, dass ihre Ratschläge von Kabinett und Parlament beachtet und nicht selten übernommen wurden. Premierminister Palmerston dankte denn auch nach dem siegreichen Friedensschluss seiner Königin mit dem Hinweis, «dass die Aufgabe, die er und seine Kollegen zu erfüllen hatten, vergleichsweise leicht gemacht worden ist durch die

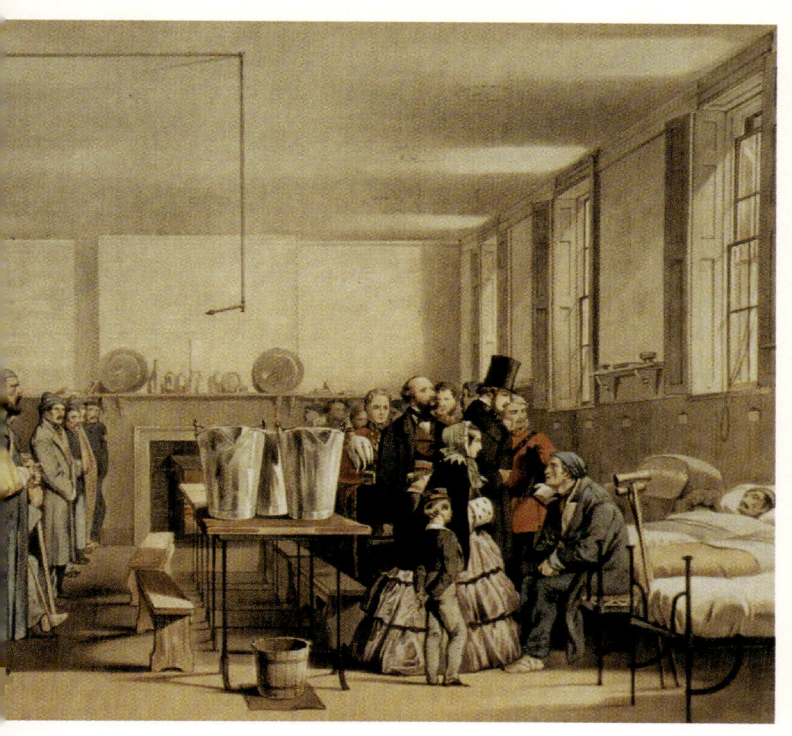

Lazarettbesuch der Königin und Prinz Alberts bei verwundeten Rückkehrern aus dem Krimkrieg. Kolorierte Lithographie von J. A. Verner nach J. Tenniel, 1855

erleuchteten Ideen, die Euer Majestät in allen großen Angelegenheiten hatte [...]».[80] Chevalereske Worte, die jenseits höfischer Konvention auf konkrete Verdienste verwiesen – auch wenn der Kopf vieler dieser «erleuchteten Ideen» selbst nicht die Krone trug. Victoria aber entdeckte eine landesmütterliche Fürsorgepflicht für ihre Armee, wie sie zuvor nicht existiert hatte. Die Queen verlangte, aus den Kriegserfahrungen Lehren zu ziehen, gab den Anstoß für eine Militärreform und drängte auf verstärkte Rüstungsanstrengungen; und bis ans Ende ihrer Tage bekräftigte sie ihr Credo, dass die Truppen dem Einfluss der Politiker weitestmöglich entzogen bleiben müssten, durch den Oberbefehlshaber aber mit der Sou-

Krimkrieg 1853–1856

Juli 1853 Einmarsch russischer Truppen in die Donaufürstentümer
29. September 1853 Kriegserklärung der Türkei an Russland
28. März 1854 Kriegserklärung des Vereinigten Königreichs und Frankreichs an Russland
14. September 1854 Landung britisch-französischer Truppen auf der Krim
17. Oktober 1854 Beginn der Belagerung der Festung Sewastopol
9. September 1855 Einnahme der Festung Sewastopol
2. Dezember 1855 Bündnis der Alliierten mit Österreich, das militärisch zwar nicht wirksam wird, aber russische Kräfte bindet
30. März 1856 Ende des Krimkriegs mit dem Frieden von Paris; Russland muss das Donaudelta und Süd-Bessarabien an das Fürstentum Moldau abtreten und sein Protektorat über die Donaufürstentümer aufgeben

veränin in direkter Verbindung zu stehen hätten. Auch an äußeren Zeichen persönlicher Anteilnahme fehlte es nicht: Im März 1856 nahm die Queen erstmals an einem Manöver teil.

Elterliche Gefühle beim Abschied von einem siebzehnjährigen Mädchen, das in die Fremde heiratet: *Ich kann gar nicht sagen, wie sehr wir sie vermissen […]. Es ist eine große, große Prüfung für eine Mutter, die tagtäglich mit solcher Sorge über ihr Kind gewacht hat, es weit von sich zu wissen – auf sich selbst gestellt! […] Die Leere, die sie hinterlassen hat, ist wirklich sehr groß.*[81] Und der Vater gab zu: «Ich bin keine demonstrative Natur, und du weißt darum kaum, wie lieb du mir stets gewesen bist und welch eine Lücke du in meinem Herzen hinterlassen hast.»[82] Am 25. Januar 1858 hatte sich die blutjunge Princess Royal in der St.-James-Kapelle mit dem preußischen Kronprinzen Friedrich Wilhelm vermählt. Palmerston, an der preußisch-deutschen Politik nicht sonderlich interessiert, hatte keine Einwände gegen diese Ehe, während die Brauteltern einmal mehr hofften, durch ein dynastisches Heiratsbündnis den englischen Konstitutionalismus à la longue nach Preußen zu exportieren und eine englisch-preußische Allianz herbeizuführen.

Ein zweiter Abschied war zu überstehen. Baron Stockmar – Lehrer, Freund, Berater, Krisenmanager, Reisediplomat in Sondermission – verließ ein letztes Mal den Hof, um sich endgültig nach Coburg in den Ruhestand zurückzuziehen. Alberts politisches Talent, sein analytischer Scharfsinn, sein philosophisch geprägtes Weltverständnis, sein Verantwortungsethos – das waren Fähigkeiten und Tugenden, die Stockmar geformt, geschärft, gefördert hatte. So wie Victorias Persönlichkeit ohne Albert nicht denkbar ist, lässt sich Albert nicht ohne Stockmar denken. «Mentor» nahm Abschied von «Telemach», der genau wusste, was er diesem Lehrer zu verdanken hatte. Der Prinzgemahl stand in der Blüte seiner Jahre, alt genug, um seine Erfahrungen als Kapital anzulegen, und jung genug, um in der Zukunft nicht nur von den Zinsen dieses Kapitals zu leben. Zeit also auch zum Innehalten, um das Carpe diem, das Glück des Augenblicks, als Lebenssicherung zu entdecken.

Doch wer nach einem Grundgesetz lebt, das sogar die Freizeit in Zucht nimmt, der beraubt sich selbst seiner persönlichen Freiheit. Nicht, dass das wütende Beschäftigungsbedürfnis, das sich mehr und mehr als Ekstase der Arbeit entpuppte, Albert befriedigt hätte. Die Droge verlangte ständig nach höherer Dosierung, ohne jene tiefe Melancholie verhindern zu können, die aus der Einsamkeit eines Unverstandenen erwächst und für den eigenen Erfolg blind macht. Der Prinzgemahl, der «heimliche König», glaubte, für seine Wahrheit wie Sisyphos die Steine zu wälzen, und fühlte sich doch als Außenseiter. «Der Esel […] ist mein wahres Vorbild; er fräße auch lieber die Disteln im Schlossgraben als in dem Rade herumzugehen, und bekommt wenig Dank dafür, dass er es tut.»[83] Was der Rastlose zu kompensieren versuchte, bleibt sein Geheimnis. Vielleicht wusste er es selber nicht. Die vergangenen zwanzig Jahre hatten dem äußeren Erscheinungsbild die Frische genommen. Dem einst attraktiven, schlanken Mann war seine Schreibtischsklaverei anzusehen. Der Vierzigjährige neigte zur Fülle, das Haar lichtete sich, die blasse Haut wurde pergamenten, der Ausdruck der Augen müde.

Auch die gleichaltrige Victoria konnte für sich nicht den Phänotyp einer königlichen Statur beanspruchen. Ihre Kleinwüchsigkeit blieb das nagende Ärgernis ihres Lebens, ihre Korpulenz war voll ausgereift, ihr Gesicht schwammig, ihr Blick ins Fotoobjektiv von gleich bleibender Missgelauntheit. Auf dem Thron saß eine bürgerlich-behäbig wirkende Matrone, ausgestattet mit einer beneidenswert robusten Gesundheit. Sie verfügte zwar über ein breites Repertoire von Erschöpfungszuständen, doch waren das gut funktionierende Katalysatoren zur Reinigung des Gemüts und somit wirksame Abwehrwaffen gegen körperliche Gebresten. Wen die Natur in dieser Hinsicht dermaßen bevorzugt hat, der entwickelt wenig Gespür für die gesundheitlichen Bedrohungen des anderen, und sei er auch so viel geliebt wie Albert. Dessen schwache Konstitution erregte schon deshalb keine Aufmerksamkeit, weil die körperlichen Anfälligkeiten als Normalzustand begriffen wurden. Lebenslang neigte der Prinzgemahl zu Magenbeschwerden und Erkältungen, neuerdings litt er auch unter Schlafstörungen – doch was hatte das zu besagen?

1861 sollte ein *annus horribilis* werden, ein Schreckensjahr, beginnend im März mit dem Tod der Königinmutter Viktoria von Kent und endend im Dezember mit einer Katastrophe, die die Vorstellungskraft der Queen überstieg. Mitte Oktober unternahm das Königspaar im schottischen Hochland wieder einmal eine Bergtour, bei der der Prinzgemahl, wie schon öfters, von Rheuma geplagt wurde. Dass sich der unwohle Zustand auch im November nicht beseitigen ließ, schrieb man dem kalten Regenwetter zu. Wie aber hätte es Albert «verantworten» können, auf seine körperliche Befindlichkeit Rücksicht zu nehmen – gerade jetzt, da über den Prince of Wales ein entsetzliches Gerücht in Umlauf war? Anlässlich eines Fests zur Verabschiedung aus dem irischen Militärlager Curragh hätten Offizierskameraden Bertie eine Schauspielerin ins Bett gelegt. Natürlich verbot der Anstand eine nähere Benennung der körperlichen Kontakte. Da die Dame diese hohe Auszeichnung nicht in ihrem Busen bewahrte, sondern ihrem Mitteilungsdrang erlag, entblößte sich das Gerücht als Wahrheit. Victoria rang nach Fassung, Albert blätterte nervös in seinem Moralcodex und sah seine sorgsam-strenge Erziehung verhöhnt. Was, wenn diese Verführerin den Prince of Wales erpressen oder die Liaison vor Gericht bringen und ihn in den Zeugenstand zitieren würde? Ein Abgrund von Verworfenheit tat sich auf. Sollte Bertie die schändlichen Laster Georges IV. geerbt haben? So überspannt Alberts Einbildungskraft reagierte, die Jugendsünde konnte repariert werden. Ende November reiste der Vater zu einer Aussprache nach Cambridge. Der Sohn versprach eine Beendigung der Liaison und gelobte Besserung, die Actrice verzichtete auf einen Skandal, der Vater kehrte schwer erkältet nach Windsor zurück.

Drei Tage später, am 29. November, entdeckte der Prinzge-

Fotografie des Prinzgemahls Albert von Camille Silvy
aus seinem Sterbejahr 1861

mahl unter den Regierungspapieren den Entwurf eines Protest-
schreibens an die amerikanischen Nordstaaten, dessen scharfer
Ton Anlass geben konnte, Großbritannien in den amerikanischen
Bürgerkrieg hineinzuziehen. Mochte der Konflikt, den Washing-
ton mit dem Aufbringen des britischen Postschiffs «Trent» und
der Entführung von zwei Südstaaten-Diplomaten heraufbeschwo-

ren hatte, auch gravierend sein, als Kriegsgrund war er das Risiko nicht wert. Am Morgen des 1. Dezember intervenierte der Prinzgemahl bei der Regierung ein letztes Mal. Von Fieberanfällen und Schüttelfrost gepeinigt, schrieb er mit unsicherer Hand seine Änderungsvorschläge nieder, um dem Feuer der Entrüstung den Sauerstoff zu entziehen. Der sachliche Ton überzeugte schließlich auch im Außenministerium, und so orientierte sich die Protestnote an den mäßigenden Formulierungen des Prinzgemahls. Das Kriegsrisiko war beseitigt.

Das Lebensrisiko indessen hatte sich bedrohlich erhöht. Albert wusste es nur zu genau. Kein Schlaf, kein Appetit, Ruhelosigkeit mit Apathie wechselnd, Kräfteverfall. An Arbeit war nicht mehr zu denken. Victoria aber klammerte sich an die bagatellisierenden Beruhigungsbulletins des Arztes. Gewiss, diese schwere Influenza erfordere viel Geduld und Zeit, aber zu ernsthafter Sorge bestehe kein Anlass. *Mit unserem geliebten Kranken geht es voran – aber es muss langweilig sein, und ich brauche wohl nicht zu sagen, was für eine Prüfung es für mich ist. Jeder Tag indessen bringt uns dem Ende dieser langwierigen Krankheit näher [...]*.[84] In Wahrheit aber ließ sich der Typhus nicht mehr behandeln. Victoria verbot sich, das Unvorstellbare auch nur zu denken. Die kleinste Besserung im Befinden wurde von ihr als Triumph des Lebens ausgegeben, obwohl der Kranke nicht zu erkennen gab, dass er um dieses Leben kämpfte. Wie oft hatte er seiner Frau gesagt, dass er den Tod mit Gleichmut erwarte, dass er keinen Wert auf das Leben lege.

Dann der 14. Dezember, der auch dem größten Optimisten die Hoffnung raubte. Während der Vater nur noch Satzfetzen von sich gab, nahmen die Kinder Abschied. Gegen elf Uhr abends verließ Victoria für einen Augenblick das Sterbezimmer, doch Alice rief sie sofort zurück. *Zwei oder drei lange, ganz ruhige Atemzüge, seine Hand drückte meine und ... alles, alles war vorbei ... Ich stand auf, küsste die liebe, himmlische Stirn und rief in bitterstem Schmerz: «O mein Liebster!», dann fiel ich in stummer Verzweiflung auf die Knie und konnte weder ein Wort herausbringen noch eine Träne weinen.*[85]

Die Ekstase der Trauer

Die Witwe war nach Osborne geflüchtet. Sechs Tage nach dem Tod des Prinzgemahls schrieb sie ihrem Onkel Leopold: *Mein einzig geliebter, bester Vater – denn als solchen habe ich dich stets geliebt! Das arme, vaterlose Baby von acht Monaten ist jetzt eine völlig gebrochene und vernichtete Witwe von 42 Jahren! Mein glückliches Leben ist beendet! Die Welt existiert für mich nicht mehr! Wenn ich weiter leben muss [...], so fortan nur für unsere armen, vaterlosen Kinder, für mein unglückliches Land, das durch seinen Verlust alles verloren hat, und allein um das zu tun, von dem ich weiß und fühle, dass er es wünschen würde; denn er ist mir nahe, sein Geist wird mich führen und erleuchten! Aber ach! Getrennt zu werden in der Blüte des Lebens – unser reines, glückliches, ruhiges, häusliches Leben, das es mir allein ermöglichte, meine so undankbare Stellung zu ertragen, mit 42 Jahren zerschlagen zu sehen, wo ich doch mit instinktiver Gewissheit gehofft hatte, dass Gott uns niemals trennen, sondern zusammen alt werden lassen würde (obwohl er stets von der Kürze des Lebens sprach) – das ist zu schrecklich, zu grausam! [...] Seine große Seele erfreut sich jetzt an dem, was ihrer würdig ist. Und ich will ihn nicht beneiden, nur beten, dass meine Seele vollkommener werde, um in der Ewigkeit bei ihm sein zu dürfen; denn ich sehne mich aufrichtig nach diesem gesegneten Augenblick.*[86] Fast vierzig Jahre sollte Victoria auf diesen «gesegneten Augenblick» warten müssen; fast vierzig Jahre sollte sie den strengen Witwenhabit wie eine Uniform tragen und erst im Alter den Ausnahmezustand der Trauer wenigstens durch weißen Spitzenbesatz optisch abmildern.

So hart das Schicksal Victoria geschlagen hatte, als Herrscherin hatte sie Amtsgeschäfte und öffentliche Funktionen wahrzunehmen, die auf private Gefühle keine Rücksicht nahmen. Was die Amtsgeschäfte betraf, so zögerte sie nicht, ihren Verpflichtungen sofort weiter nachzukommen, obwohl die Stunden am Schreibtisch allzu schmerzlich an die gemeinsame Arbeit erinnerten. Der «heimliche König» fehlte an allen Ecken und Enden. General Charles Grey, Alberts ehemaliger Sekretär, und Sir Charles Phipps,

Die Queen beim Besuch in Frogmore, wo Prinzgemahl Albert
vierzig Jahre vor ihr seine letzte Ruhe fand. Die Innenausstattung
des Mausoleums war 1871 vollendet. Das Aquarell gab die Königin
bei Henry William Brewer in Auftrag, der es bereits 1869 malte.

der Verwalter der königlichen Privatschatulle, gingen der Queen zwar hilf- und kenntnisreich zur Hand, doch den vollkommenen Prinzgemahl vermochten sie natürlich nicht zu ersetzen. Victoria empfand die Last der Verantwortung als unerträglich, den Verlust ihrer Liebe als Höllenqual. Die Klage wuchs ins Unermessliche, während der Mythos die Rollen vertauschte: Eurydike suchte Orpheus. Kein Gespräch, kein Brief ohne ausführlichen Hinweis auf den einzigartigen Gatten; selbstredend galten dessen Wünsche, Pläne und Ansichten als heiliges Vermächtnis, dem geradezu Gesetzeskraft zugeschrieben wurde. Es war für die Höflinge und Politiker nicht immer einfach, diesen in Superlative gewickelten und ins Übermenschliche verklärten Albert zu ertragen, am wenigsten aber für seine Kinder, deren natürliche Trauer durch die jahrelangen Trauerexzesse der Mutter beeinträchtigt wurde.

Da ein unromantisches Schicksal der Königin einen gemeinsamen Liebestod mit dem Prinzgemahl verwehrt hatte, musste sie sich damit begnügen, das Andenken als Kult zu ritualisieren. Das Blaue Zimmer, das Sterbezimmer, durfte nicht verändert werden, Einrichtungsgegenstände und Utensilien wurden zu Reliquien – ein in europäischen Königshäusern nicht ungewöhnlicher Brauch. Ungewöhnlich und nicht ohne morbiden Beigeschmack hingegen waren die Anordnungen Ihrer Majestät, jeden Abend die Kleidung des Verstorbenen für den kommenden Tag herzurichten, ein sauberes Handtuch auszulegen und das Waschwasser zu erneuern, sowie die Angewohnheit, Alberts Nachthemd ins eigene Bett mitzunehmen. Im Jahre 1901 ließ Bertie, nun König Edward VII., in Windsor die andenkenübersäten Privaträume seiner Mutter bis zur Unkenntlichkeit verändern …

Manchmal glaubte Victoria in ihrem Schmerz, wahnsinnig zu werden – eine Angst, in der sie die Geisteskrankheit ihres Großvaters George III. zusätzlich bestärkte. Das Trauerjahr, das die Queen für ihre Familie verfügt hatte, war längst abgelaufen, doch hätte die unverändert düstere Atmosphäre am Hofe glauben machen können, ein zweites, drittes, viertes Trauerjahr sei verordnet worden. Konnte man überhaupt noch von einem Hofleben sprechen? Manche bizarren Auswüchse dieser tiefsten Lebenskrise ließen sich zwar beseitigen; so etwa der Versuch, nur über eine der Töchter mit dem Premierminister oder dem Kronrat zu konferieren. Doch in einem Punkt blieb die Queen stur und kompromiss-los: Sie weigerte sich beharrlich, ihren öffentlichen Pflichten als Repräsentantin des Vereinigten Königreichs nachzukommen. Gerade dies aber, das festliche Schauspiel des Königtums, das den Monarchen als sichtbares Symbol des Reichs einsetzt und ihn gleichzeitig mit einer mystischen Aura umgibt, war eine wesentliche Voraussetzung der Loyalität des Volkes. Nicht, dass sich die Queen vollständig zurückgezogen hätte. In Windsor, Osborne und Balmoral konnte man ihre privaten Ausfahrten besichtigen, und wo es ein Albert-Monument einzuweihen galt, war die Witwe zur Stelle, sogar in Coburg. (Selbst für dieses denkmalsüchtige Jahrhundert war die Unzahl von Albert-Denkmälern in Mutterland und Empire ungewöhnlich.) Die Haupt- und Staatsaktionen aber mussten ohne die Queen auskommen. Jahrelang dekorierte bei der Parlamentseröffnung den verwaisten Thron der Hermelin der Königin. Als sie sich 1866 zur Parlamentseröffnung bereit erklärte, geschah dies nicht ohne Seufzer und Stöhnen und theatralischen Hinweis auf das gewaltige Opfer, das sie den Untertanen bringe, gleiche doch ihre öffentliche Zurschaustellung einer Hinrichtung. So hat sie denn auch in ihren vierzig Witwenjahren diese wichtige Staatszeremonie überhaupt nur siebenmal persönlich wahrgenommen.

Weder die diversen Regierungschefs noch die Öffentlichkeit konnte die grundsätzliche Verweigerungshaltung, die sich nur gelegentlich aufbrechen ließ, gleichgültig lassen. Die Premiers mahnten, die Zeitungen kritisierten, das Bürgertum wurde unruhig, weil es auf eine dem Empire gemäße höfische Prachtentfaltung verzichten sollte. Eine Königin, die sich vornehmlich auf einer kleinen Insel und im schottischen Hochland aufhielt und auch das ländliche Windsor geradezu demonstrativ dem hauptstädtischen Buckingham Palace vorzog, musste für ihr Volk unsichtbar und damit unpopulär werden.

Warnungen gab es genug. Mitglieder der Radikalen Partei forderten eine Überprüfung der Zivilliste, da von der 385 000-£-Apanage nur 60 000 £ für Privatzwecke ausgewiesen seien und man allen Grund zu der Annahme habe, die Königin würde die nicht verbrauchten Repräsentationsgelder ihrem Privatvermögen zuschlagen; und Walter Baghot, der Herausgeber des «Economist»,

Victorias leidenschaftliche Trauer ließ offizielle Auftritte in der Öffentlichkeit nur bei Einweihungen von Albert-Monumenten zu. Ein besonderes emotionales Erlebnis war für sie die Enthüllung des Albert-Denkmals auf dem Marktplatz von Coburg am 26. August 1865. Aquarell von George Housman Thomas, 1865

teilte seinen Lesern ohne Umschweife mit: «Aus unschwer zu benennenden Gründen hat die Königin durch ihren langen Rückzug aus dem öffentlichen Leben der Popularität der Monarchie fast ebenso großen Schaden zugefügt, wie der unwürdigste ihrer Vorgänger es durch seine Lasterhaftigkeit und Leichtfertigkeit getan hat.»[87]

Harte Worte mit Folgen. Anfang der siebziger Jahre diskutierte man in 84 republikanischen Clubs über eine neue Staatsform. Königin Victoria hatte die Monarchie in eine ernsthafte, gefährliche Krise manövriert, was sie jedoch nicht hinderte, sich weiterhin gegen die Zumutungen der Welt zu verschanzen und über die Rohheit der Massen zu klagen, deren Gafferei sie als schutzlose Frau nicht ertragen könne. Gelegentlich wünschte sie, *alles hinwerfen und sich ins Privatleben zurückziehen zu können*[88]. Und wenn Palmerston und Russell, Derby und Gladstone an die öffentlichen Pflichten erinnerten, erhielten sie als Antwort einen Auswahlkatalog von längst ritualisierten Argumenten, in dem sie über ihre Sklavenarbeit am Schreibtisch, ihre zerrütteten Nerven, ihre Unpässlichkeiten, ihre Ängste und Depressionen stöhnte und ihre Leibärzte als Kronzeugen anrief. Man konnte sich des Eindrucks nicht erwehren, dass sie in ihrem Kummer geradezu badete.

Im Kampf gegen das Chaos der Gefühle war die therapeutische Funktion der Klagelitaneien freilich nicht zu unterschätzen. Sie hielten die schweren Neurosen in Schach und halfen, die physische Vitalität zu stabilisieren. Der in Hofkreisen befürchtete Zusammenbruch blieb aus. Ende der sechziger Jahre begann sich das Wohlbefinden langsam, aber doch merklich zu festigen. Die Höllenqualen der Seele wichen allmählich der Resignation. Lässt man den offenbar unlösbaren Repräsentationskonflikt beiseite, so stellte sich am Hofe eine von der Witwenschaft geprägte graue Normalität ein. Das bedeutete freilich keinen Verzicht auf die gewohnten Jeremiaden, wenn sie geeignet waren, sich lästige Forderungen der Politiker vom Halse zu halten.

Einen wesentlichen Anteil an der seelischen Entspannung hatte John Brown, einst ein schottischer Jagdgehilfe des Prinzgemahls, dem im Leben der Königin eine zunehmend wichtige Rolle zufiel, seit ihm 1865 befohlen worden war, *mich stets und überall außer Haus zu begleiten, beim Reiten, Fahren oder zu Fuß*[89]. Der zuverlässige und diskrete Diener wurde zu einem unentbehrlichen Helfer, zur männlichen Stütze, die beschützte (1872 auch bei einem Attentat) und den Alltag so bequem wie möglich einrichtete. Brown war ein gut aussehender, trinkfest-knorriger Schotte mit

rauen Umgangsformen und ohne alle herkömmliche Devotion, was die Queen amüsiert duldete und den Hof entsetzte.

Dass Victoria mit diesem ungewöhnlichen Diener auf geradezu freundschaftlich-vertrautem Fuß stand, blieb in der Presse nicht unbeachtet. Ein Haus zum Geschenk mochte Dankbarkeit bezeugen. Einen Domestiken aber zum Esquire zu befördern und sich mit ihm gemeinsam porträtieren zu lassen, das entfachte in der Gerüchteküche ein Feuer intimer Verdächtigungen. John Brown – ein neuer John Conroy? Wie die Mutter, so die Tochter? In den Satirezeitschriften nannte man die Queen, die einstige «Mrs. Melbourne», jetzt nicht minder anzüglich «Mrs. Brown».

Ausgerechnet die Statthalterin viktorianischer Moral wurde der Liaison mit einem Kammerdiener verdächtigt, ja selbst einer heimlichen morganatischen Ehe. Die Queen ließ sich von dem sensationslüsternen Getuschel nicht beeindrucken. Als John Brown 1883 starb, betrauerte sie einen wirklichen Freund, dem sie zur Erinnerung im Park von Balmoral eine Statue widmete. Nur einen Freund? Seriöse Historiker taten sich mit der Beantwortung dieser Frage stets schwer, da sich Victorias Briefe und Tagebücher, die gemeinhin die Nachwelt noch mit den nebensächlichsten Mitteilungen zu beliefern pflegen, ausgerechnet in diesem Falle ausschweigen. Sollte es Beweise für eine Liaison gegeben haben, so wurden sie sorgsam beseitigt. 1998 indessen tauchte aus dem Besitz der Nachfahren John Browns ein Briefkonvolut auf, dessen Inhalt das Rätselspiel beenden könnte. Eine erste Sichtung ergab, dass die Königin und ihr Butler sich «sehr, sehr nahe waren und eine innige Beziehung hatten[90]» So liegt der Schluss nahe, dass selbst die oberste Hüterin der viktorianischen Moral nicht dagegen gefeit war, im Kampf zwischen privater Sehnsucht nach Intimität und öffentlicher Sittenstrenge zu unterliegen.

Doch auch jenseits aller delikaten Spekulationen bot das ungleiche Paar genügend Anlass zur Provokation. Schließlich musste es nicht nur selbst ernannte Traditionshüter, sondern jeden überzeugten Royalisten herausfordern, dass einem schottischen Kammerdiener jene Aufgabe übertragen wurde, die eigentlich dem Prince of Wales angemessen gewesen wäre: Helfer und männliche Stütze der Königin zu sein. (Alfred, Arthur und Leopold waren zu jung; Leopold war zudem als Bluter durch seine lebensbedrohende Krankheit gefesselt.) Der älteste Sohn, der Thronfolger, der die Chance erhielte, nach s e i n e n Möglichkeiten, s e i n e n Vorstellungen allmählich in die Rolle des Vaters hineinzuwachsen und damit sein späteres Königsamt auf eine gute Grundlage zu stellen – das wäre von der Grundkonstellation her weitaus folgerichtiger gewesen als Victorias Rückgriff auf die Hilfsdienste eines Dieners im eng begrenzten Umfeld persönlicher Vertrautheit. Schließlich hatte hundert Jahre zuvor, anno 1765, Kaiserin Maria Theresia bereits ein ähnliches Beispiel gegeben, als sie nach dem Tode ihres Gemahls den ältesten Sohn Joseph (II.) offiziell zum Mitregenten bestellte. Doch wie hätte Bertie den Ansprüchen seiner Mutter

genügen können, die sich als Alberts Nachfolger nur dessen per-
fekte Kopie vorzustellen vermochte und gleichzeitig von der fixen
Idee besessen war, dieser Sohn sei eine Karikatur ihres eigenen
Charakters? Keine Belehrung, kein Ratschlag, kein Beschluss ohne
dringlichen Hinweis auf Albert, den Vollkommenen. Der tote
Übervater, zur Heldenstatue erstarrt, muss zu einem traumati-
schen Erlebnis geworden sein.

Der Prince of Wales hatte wenig zu melden; selbst bei seiner
eigenen Hochzeit. Nachdem noch der Vater den Sohn mit seinen
Heiratsplänen vertraut gemacht hatte, besichtigte die Witwe aus-
führlich die Braut, die dänische Prinzessin Alexandra (Alix), und
fand Wohlgefallen an ihr. Damit war die Sache geregelt, die Vermählung 1863 indessen vom Tod des Prinzgemahls schwer über-
schattet. Immerhin gab es jetzt im Königshaus fürs Repräsentative
ein Fürstenpaar, das offizielle Pflichttermine im Namen der Krone wahrnehmen konnte.

Je länger sich jedoch Victorias Selbstisolation hin-
zog, desto weniger waren
die Untertanen bereit, sich
mit diesem Ersatz zufrie-
den zu geben. Der Prince
of Wales war schließlich
kein Prinzregent wie wei-
land der Sohn des trübsin-
nigen George III. und die
Königin in einem rüstigen
Alter.

Max Beerbohms Karikatur
«Die seltenen, ziemlich
schrecklichen Besuche von
Albert Edward, Prince of
Wales, im Schloss Windsor»
entlarvt die Mutter-Sohn-
Beziehung als groteske
Tragödie, in die die Helden-
statue des vollkommenen
Albert ihre Schatten warf.

Während die Regierung sich bei Victoria für eine sinnvolle Beschäftigung des Thronfolgers verwendete und Bertie selber in diesem Sinne vorstellig wurde, jammerte sie über seinen Müßiggang, seine Leidenschaft für Pferderennen und Spiel, seine tonangebende Rolle in der aristokratischen Gesellschaft, seine nutzlosen Vergnügungsreisen. Dass sie diesem «Arbeitslosen» gar keine ernsthafte Chance gab, sich zu beweisen, verdrängte sie. War es purer Zufall, dass auch Bertie an Typhus erkrankte und die lebensgefährliche Krise just am zehnten Todestag seines Vaters, am 14. Dezember 1871, überstand? «Besiegte» hier, endlich einmal, der Sohn den Vater? Für Psychologen kein uninteressanter Fall. Bertie jedenfalls ging mehr und mehr seiner eignen Wege. Allmählich verschwand der bürgerliche Familienvater hinter einem unbürgerlichen Lebemann. Dass er in einer Scheidungs- und einer Falschspieleraffäre sogar vor Gericht als Zeuge erscheinen musste, entsprach so gar nicht mehr dem «Image», das sich die Öffentlichkeit von einem Thronfolger machte. Welch skandalöser Affront gegen den Viktorianismus!

Es gab für Victoria freilich einen sehr persönlichen Grund, den Prince of Wales von den Amtsgeschäften fern zu halten. So schwer Alberts Tod ihr Lebensgebäude beschädigte und fast zum Einsturz gebracht hätte, so unsicher sie sich bei der Erfüllung ihrer Pflichten ohne die hohe Souffflierkunst des Prinzgemahls anfangs fühlte – erst dieser Tod machte den Weg frei zur eigenen Unabhängigkeit. Nach der Lehrzeit bei Lord Melbourne, den Gesellenjahren beim Prinzgemahl und einer mehrjährigen Übergangsphase des tastenden Ausprobierens gewann Victoria endlich jene Sicherheit, die ihr die Chance gab, sich als konstitutionelle Monarchin den «Meisterbrief» zu erarbeiten. Im Sinne der Kontinuität und als Orientierungshilfe war es durchaus verständlich, dass fürs erste die Frage aktuell blieb, wie Albert entscheiden würde; doch die Zeit hat ihre eigenen Gesetze, und so ließ sich das politische Nachleben des Gatten auf Dauer nur sehr bedingt konservieren, sosehr Victoria dies auch wünschen mochte. Die Souveränin wurde souverän.

Europäische Politik war für die Queen auch Heirats- und Familienpolitik. Den Kontinent mit einem dichten Netz von Verwandten auf den Fürstenthronen zu überziehen, hielt sie für ein wirksames Instrument zur Friedenssicherung. Bismarcks Spott über die Coburger als «Gestüt Europas» hatte trotz aller Despektierlichkeit einen realen Bezug. Ohne Mitglieder dieser Duodez-Dynastie ließ sich in vielen deutschen Fürstentümern, aber auch in Spanien, Belgien, Bulgarien, Rumänien, Russland, Schweden, Norwegen und Griechenland kein fürstlicher Stammbaum mehr zeichnen, von England ganz abgesehen. Sechs der neun Kinder Victorias sollten Deutsche heiraten, der Prince of Wales war mit einer Dänin vermählt, Prinz Alfred verband sich 1874 mit der russischen Großfürstin Marie, und nur der Prinzessin Luise war ein Einheimischer, der Marquess of Lorne, zugedacht; ein Zugeständnis an den englischen Adel, der bei Victoria gleichwohl keine gute Presse hatte, weil sie ihn für Berties oberflächliche Lebensweise verantwortlich machte.

Wie wenig jedoch die Heiratspolitik zur Friedenssicherung taugte, musste die Queen in den deutschen Einigungskriegen erfahren. Sowohl im Deutsch-Dänischen Krieg 1864 wie im Deutschen Krieg 1866 verlief die Front quer durch die Verwandtschaft. So standen sich 1864 Kronprinzessin Vicky, die Schwiegertochter König Wilhelms von Preußen, und der Prince of Wales, der Schwiegersohn König Christians IX. von Dänemark, in feindlichen Lagern gegenüber; Herzog Ernst II. von Sachsen-Coburg-Gotha, Alberts Bruder, kämpfte zudem als aktiver Kriegsteilnehmer gegen das von seinem Neffen Bertie unterstützte Dänemark. Als zwei Jahre später der Deutsche Krieg um Schleswig-Holstein ausbrach, führte Kronprinz Friedrich Wilhelm, Victorias Schwiegersohn,

> *Ich beschwöre Dich im Namen alles dessen, was Dir heilig ist, von dem schrecklichen Gedanken des Krieges abzustehen! In Deiner Macht steht es, den Krieg zu verhindern; Dein Gefühl muss Dir selbst sagen, welche fürchterlichen Folgen ein solcher nach sich zöge, und die tausend und aber tausend unschuldigen Menschenleben, die geopfert würden. Wie entsetzlich wäre ein Bruderkrieg!*
> **Königin Victoria am 10. April 1866 an König Wilhelm I. von Preußen**

die 2. preußische Armee in die Entscheidungsschlacht bei Königgrätz; sein Schwager Ludwig, der Großherzog von Hessen-Darmstadt, der Vickys Schwester Alice geheiratet hatte, kämpfte an der Seite der Österreicher, genauso König Georg V. von Hannover, ein Vetter der Queen, der seine Niederlage bei Langensalza mit dem Verlust seines Thrones bezahlen und sein Königreich zur preußischen Provinz degradiert sehen musste. Vicky indessen hörte ihr Preußenherz laut schlagen: «In dieser traurigen Zeit muss man seine Gefühle für seine Verwandten ganz von seinem Urteil über politische Notwendigkeiten trennen, sonst würde man durch die Hoffnungen und Wünsche derer, die man nicht betrüben möchte, fortwährend hin- und hergerissen; es ist dies eine der Konsequenzen dieses Krieges.»[91]

Allein im Deutsch-Französischen Krieg 1870 / 71 waren die familiären Freund-Feind-Verhältnisse unkomplizierter, sieht man einmal davon ab, dass der Prince of Wales öffentlich eine Niederlage der Deutschen wünschte und damit seine Schwester Vicky gezielt provozierte. Wie zu erwarten, gab man sich in Berlin beleidigt. Auf welcher Seite Königin Victoria stand, war jedoch unschwer auszumachen. *Mein ganzes Herz und meine innigsten Gebete sind bei dem geliebten Deutschland!*[92] Das «geliebte Deutschland», das war Alberts Vermächtnis, und so hatte Victoria schon 1864 die preußisch-österreichische Bundesexekution im Namen des Deutschen Bundes gutgeheißen. 1866 freilich war sie gegen den Kriegstreiber Bismarck dermaßen aufgebracht, dass sie ihre Regierung zu Waffenlieferungen für die bedrängten Österreicher aufforderte. Doch verweigerte das zweite Kabinett Russell kategorisch eine Intervention: Englische Interessen seien in diesem deutschen Bruderkrieg nicht tangiert.

In allen drei Kriegen wurden die Äußerungen der Königin von der Presse argwöhnisch überprüft. So wetterwendisch das Urteil der britischen Öffentlichkeit über die kriegführenden Mächte sein mochte, die Königin hatte Neutralität zu wahren, und das war nach Ansicht mancher Zeitungen nicht immer der Fall. 1864 wurde sie wegen ihrer Deutschfreundlichkeit von einem Mitglied des Oberhauses sogar öffentlich angegriffen, sodass sich die Regierung zu einer offiziellen Verteidigung der Krone gezwungen sah. Palmerston warnte seine Herrscherin gleichwohl nachdrücklich vor einer allzu offenen Sprache, die eine persönliche Meinung erkennen lasse. Dem Premierminister konnte es nicht gleichgültig bleiben, dass Victoria auch im Witwenstand immer noch versuchte, sich in die auswärtigen Angelegenheiten einzumischen. Dass ihre coburgische Heirats- und Familienpolitik endgültig gescheitert war, ließ sich freilich nach den ersten beiden Einigungskriegen nicht mehr leugnen. *Die Zeiten haben sich sehr geändert. Große Heiratsverbindungen mit dem Ausland werden als Ursachen von Sorgen und Ängsten angesehen und führen zu nichts Gutem.*[93]

Die Downing Street bewegte anderes, Gewichtigeres. Man hatte die Verschiebung des politischen Gleichgewichts auf dem Kontinent hinnehmen müssen, ohne selbst eingreifen zu können – nicht nur, weil sich England vom Krimkrieg noch nicht so erholt hatte, dass es wirksamen militärischen Druck hätte ausüben können, sondern auch, weil es sich mehr und mehr auf den Ausbau seines Kolonialreichs konzentrierte. Der europäischen Schiedsrichterrolle fehlte es an realem Durchsetzungsvermögen, eine grundsätzliche Schwäche der Außenpolitik, was die Königin klar erkannte. Dem Ressortminister schrieb sie 1869, Europa dürfe nicht in der Meinung bestärkt werden, *England werde weder durch seine Interessen noch durch seine Vertragsverpflichtungen bewogen, bei auftauchenden Komplikationen etwas anderes als eine moralische Unterstützung zu gewähren, und die angreifende Macht könne alle Befürchtungen beiseite lassen, dass England ihm «in die Quere kommt»*[94].

Die Königin gehörte zu jenen Menschen, die aufgenötigte Änderungen nur widerwillig akzeptieren – eine Neigung, die sich, wie zu erwarten, mit zunehmendem Alter noch verstärkte. Das betraf nicht nur ihr Privatleben, sondern auch die Politik. So waren ihr Regierungswechsel mit all den möglichen Komplikationen seit je verhasst. Unter dem Eindruck der ersten Trauer um Albert wuchs sich diese Aversion zu einer Phobie aus.

Der Tory-Führer Lord Derby muss höchst überrascht gewesen sein, als ihn die Königin im Frühjahr 1862 in einem Privatschreiben bat, jeden Versuch zum Sturz der Regierung Palmerston zu unterlassen, da in ihrem derzeitigen Zustand ein solcher Wechsel über ihre Lebenskräfte ginge. Drei Jahre später blieb ihr keine Wahl, der Stuhl des Premierministers musste neu besetzt werden, als der ewig gichtgeplagte Palmerston mit 81 Jahren starb. Victoria lernte, die Neubildung einer Regierung ohne Alberts Hilfe zu überstehen. Russell, der Außenminister, setzte als Regierungschef das Whig-Ministerium mit wenigen personellen Änderungen fort. Natürlich war diese Prüfung kaum zu ertragen.

Auch wenn die Queen nicht das Talent des verstorbenen Gat-

Die trauernde Witwe mit ihrer Tochter Alice vor der Marmorbüste des verewigten Prinzgemahls. Die unterschiedlichen Blickrichtungen, die Mutter und Tochter vor der Ikone einnehmen, sind sicher kein Zufall. Die Ekstase dieser Trauer trieb die Monarchie in eine gefährliche Krise. Fotografie von Prinz Afred, 1862

ten hatte, mit geschliffenen Analysen zu glänzen, so machten doch Erfahrung und Routine und ein gesunder Instinkt den Mangel an intellektueller Schärfe wett. Ihr Einfluss auf die Beschlüsse der Regierung blieb zwar in der Regel gering, doch wo sie urteilte, forderte und mahnte, war das Kabinett gehalten, diese Intervention in seine Überlegungen einzubeziehen.

Und auch als «Krisenmanagerin» gewann sie an Profil. Schon nach acht Monaten musste sie einen erneuten Regierungswechsel bewältigen, obwohl ihr aus außenpolitischer Sicht gerade jetzt, Frühsommer 1866, nichts unzeitgemäßer erschien als eine neuerliche Kabinettsbildung. Lord Russell war mit seinem Versuch gescheitert, das wegen des Krimkriegs zurückgestellte Wahlrechtsreformgesetz, das die Reform-Bill von 1832 fortschreiben sollte, parlamentarisch endlich durchzusetzen, und reichte seinen Rücktritt ein. Gegner und Befürworter der Reform waren bei den Liberalen und den Konservativen gleichermaßen zu finden. So hatte die konservative (dritte) Regierung Derby keinen leichten Stand, ihrerseits die Reform durchzusetzen. Victoria hielt das neue Wahlrecht, das an Grundbesitz bzw. eine Jahresmiete von mindestens 10 £ gebunden war und die Zahl der Wähler von 1,3 auf 2,4 Millionen (bei 30 Millionen Einwohnern) erweiterte, für angemessen und versuchte, mit der Autorität der Krone beide Parteien für die Annahme zu gewinnen. Sie war sogar bereit, höchstselbst das Parlament zu eröffnen, um ein Zeichen zu setzen. Am 15. Juli 1867 wurde die Reformvorlage endlich verabschiedet. Angestellte und Handwerker zählten zu den Gewinnern dieses gemäßigten Eigentumswahlrechts. 1884 sollte eine dritte Reformstufe die Arbeiterschaft in diesen sukzessiven Demokratisierungsprozess einbeziehen.

Der Strukturwandel der Parteien war unverkennbar. Die losen Zusammenschlüsse genügten nicht mehr den Anforderungen einer sich politisch emanzipierenden Gesellschaft, in der neue Wählerpotentiale Einfluss gewannen. Funktionäre verdrängten die Honoratioren. Aus Whigs und Tories wurden Liberale und Konservative, die sich programmatisch konsequenter und effektiver voneinander abzugrenzen begannen und damit ein modernes Profil bekamen. Künftige Wahlkämpfe sollten diese Entwicklung, wie die Queen irritiert beobachten musste, bestätigen. Die Einrichtung lokaler Parteibüros sowie eine bisher nicht gekannte Fraktionsdisziplin stärkten die Integrationskräfte zugunsten einer modernen Parteiendemokratie.

Ausbau des Konstitutionalismus und Emanzipation der Demokratie bedingten einander. «Seit 1830 siegt die Demokratie in England»[95], hatte schon der Prinzgemahl sachlich festgestellt. Victoria wollte diesen Zusammenhang nie wahrhaben. Den Konstitutionalismus akzeptierte sie, auch wenn er ihre Machtbefugnisse mehr und mehr beschnitt. Aber Demokratie? Das vertrug sich denn doch nicht mit der königlichen Autorität, so wie sie sie verstand. «*Teil einer demokratischen Monarchie zu sein [...],*

> *Das Oberhaus mag man eventuell verbessern. Es ist aber ein Bestandteil der gerühmten und bewunderten britischen Verfassung und kann daher nicht abgeschafft werden. Es ist die einzige wirklich unabhängige Kammer, denn sie ist nicht so gebunden wie das Unterhaus, wo man ständig mit Blick auf die Wähler redet, denen man gefällig sein will, um wieder gewählt zu werden.*
> **Königin Victoria 1894**

dafür wird sie nie ihre Zustimmung geben. Wenn es so werden soll, dann möge man sich jemand anderen suchen [...].»[96] Es wurde so, doch leugnete sie hartnäckig, dass es so wurde. Mit diesem frommen Selbstbetrug konnte sie dem evolutionären Wandel ihre Anerkennung verweigern, ohne ihr Gesicht zu verlieren. Andererseits: Die zunehmende Politisierung der Öffentlichkeit stärkte die Krone als Symbol der Reichseinheit.

Im Februar 1868 kapitulierte Premierminister Derby vor seinem schweren Gichtleiden und bat die Königin um Entlassung. Als seinen Nachfolger schlug er Schatzkanzler Benjamin Disraeli vor. Nur widerwillig akzeptierte die Königin Derbys Abschied. Wie hätte sie auch ahnen können, welche Schicksalsrolle dieser Disraeli in ihrem Leben spielen sollte!

Zwischen den großen Antipoden

Die Königin muss es geradezu als Schikane des Himmels empfunden haben, dass William Ewart Gladstone, der große alte Mann des Liberalismus, seinen Intimfeind Benjamin Disraeli, den gewieften Impresario des Konservatismus, um siebzehn Jahre überlebte und mit insgesamt zwölf Regierungsjahren doppelt so lange, bis in die Spätzeit des Viktorianismus, der Krone diente, war doch ihre Zuneigung zu Disraeli die Kehrseite ihres Hasses auf Gladstone. Diese beiden Männer waren als Premierminister d i e Antipoden in der zweiten Jahrhunderthälfte, die, jeder auf seine Weise genial begabt, der politischen Physiognomie ihres Landes ihren Stempel aufdrückten. Ein Machtpolitiker mit abenteuerlich schillerndem Naturell stand gegen einen glaubensstarken Leistungsethiker. Das ergab einen weltanschaulichen Antagonismus, der beide in persönlichem Hass fesselte. Disraeli, der Scharlatan; Gladstone, der grundsatzlose Wahnsinnige – so die handlichen Schlagworte gegenseitiger Charakterzuweisung. Seit den frühen fünfziger Jahren, als sie mehrmals zwischen Schatzkanzleramt und Opposition wechselten, galten ihre glanzvollen Rededuelle als Sternstunden des viktorianischen Parlamentarismus. Als Regierungschefs setzten sie eigene spezifische Schwerpunkte, Disraeli vornehmlich in der Außen-, Gladstone in der Innenpolitik, sodass sie sich, in der historischen Perspektive, eher ergänzten als behinderten.

Der vierundsechzigjährige Disraeli amtierte mit seinem ersten Kabinett 1868 gerade mal neun Monate, war mehr Nachlassverwalter des abgedankten Lord Derby denn Gestalter einer eigenständigen Politik, doch reichten sie völlig aus, um wie kein zweiter Premier Victoria fest an sich zu binden, sieht man einmal von dem Sonderfall Melbourne ab. Die Biographie dieses Konservativen, dessen politischer Aufstieg eng an die Abspaltung der Peeliten von den Tories im Freihandelskonflikt gekoppelt war, wies alle Merkmale eines höchst unviktorianischen Lebenswandels auf. Börsenspekulant, Pumpgenie von Richard Wagner'schem Format, Vermögensgünstling durch zweifache Heirat, Romancier von Büchern, die auch vor verstörenden Pikanterien nicht zurückschreckten, Kavalier einer nur oberflächlich verdeckten ménage à quatre, der Londons Gesellschaftsspekulierer auf Jahre versorgte – das sind Stichworte eines prallen Lebens, das gerade deshalb nicht den Eindruck des Abenteuerlichen abzustreifen vermochte, weil es auf dem spiegelglatten Parkett des Viktorianismus stattfand.

> Lord Beaconsfield und Mr. Gladstone sind Männer von ungewöhnlichen Fähigkeiten. Ihre gegenseitige Abneigung ist stärker als sonst unter Männern der Öffentlichkeit üblich. Lord Beaconsfield hat die Gabe, in zwei Worten etwas zu sagen, was einen Mann mit dem eigentümlichen Temperament Mr. Gladstones in einen Zustand heftiger Aufregung versetzt.
>
> Außenminister Lord Granville 1880

Die Queen dürfte von alledem nichts mitbekommen haben, doch dass Albert seinerzeit diesen extravaganten Aufsteiger für einen Blender hielt, dürfte ihr kaum entgangen sein. Wie aber hätte sich die Monarchin auf Dauer diesem psychologisch versierten Menschenfänger entziehen können, der mit festlich formulierten Preisgesängen auf die Talente des hochseligen Prinzgemahls ein angenehmes «Betriebsklima» herzustellen wusste? «Denn er rechnet seine Beziehungen zu jenem begnadeten Wesen [d. i. Albert] zum Interessantesten in seinem Leben»[97], schrieb Disraeli (von sich selber in der dritten Person sprechend). Blanker Opportunismus als Mittel zum Zweck? «Dizzy», wie man den Premier nonchalant zu nennen pflegte, hätte den Vorwurf lächelnd abgetan. Wer auf ein Ziel zusteuert, der muss nur die Schwächen der anderen erkennen und sich dienstbar machen. Und die Schwächen der Queen waren leicht zu erkennen. Ihr komplizierter, zwischen Arroganz und Selbstzweifel schwankender Charakter muss für ihn eine Herausforderung gewesen sein.

Das Mittel, dessen er sich bediente, war einfach, aber wirksam. Er schuf eine Atmosphäre aus Vertrautheit und dienender Treue und gab seiner Herrin ein Gefühl der Selbstbestätigung. «Die persönlichen Wünsche der Herrscherin müssen für Mr. Disraeli immer und unter allen Umständen großes Gewicht haben. Wenn sie aber, wie im gegenwärtigen Fall, von jemand ausgesprochen werden, der ihm nicht nur das verfassungsmäßige Vertrauen erwiesen, sondern geruht hat, ihn durch seine weise Erfahrung zu unterstützen und ihn in sehr großen Schwierigkeiten durch herablassende Güte zu ermutigen, dann werden diese Wünsche zu Befehlen, Befehlen von jener Art, bei denen der Gehorsam eine Freude ist.»[98] Da wurde für die Empfängerin auch die Lektüre zur Freude. Kein Premierminister hat vorher oder nachher Königin Victoria mit solch sorgfältig gewählten Wortgirlanden beglückt. Endlich sah sie sich von einem Politiker verstanden.

Davon konnte bei William Gladstone wahrlich keine Rede sein. Er war loyal ohne aufgesetzte Devotion, nüchtern-sachlich und pedantisch, eher feierlich-weitschweifig als höfisch gewandt, und für Schmeicheleien fehlte jegliches Talent. Kein Unterhaltungskünstler à la Disraeli also, auch kein Macht-, sondern ein Gesinnungspolitiker. Mit der Elle des Viktorianismus gemessen hätte dieser Gladstone in seinem christlich-humanitären Weltverständnis der Königin ein willkommener Partner sein müssen, zumal Reformbereitschaft und Prinzipientreue an den geliebten Albert erinnerten. Doch wo ein ins Missionarische getriebener

Die ewigen Widersacher Disraeli und Gladstone in einer Karikatur des «Punch» vom 10. August 1878. In der Unterschrift zu dieser Schulszene tadelt der Dekan: «Die beiden besten Köpfe der Schule bewerfen sich mit Schmutz! Ihr solltet euch schämen!»

Idealismus Politik nicht nur an den Maßstäben des Evangeliums orientierte, sondern sie in diesem Sinne ganz konkret umzusetzen versuchte, konnte es nicht ausbleiben, dass sich das Ideal an den Tücken des Alltags blutig rieb.

Irritationen waren vorprogrammiert, zumal dann, wenn dieses Politikverständnis tätige christliche Nächstenliebe in einer Form einbezog, die sich mit dem Amt eines Premierministers kaum vereinbaren ließ. Dass der Erste Minister Ihrer Majestät, der politische Führer einer Weltmacht, nachts die Londoner Amüsierviertel persönlich durchstreifte, um wie ein Offizier der Heilsarmee «gefallene» Mädchen aus ihrem sündhaften Milieu zu befreien, das ließ sich der Öffentlichkeit nur schwer vermitteln. Was Wunder, dass mancher dem hohen Missionar bei seinen nächtlichen Inspektionen ganz andere Motive unterstellte …

Gladstone, ein Mitstreiter Sir Robert Peels und dessen politischer Erbe, hatte mit seinem Eintritt ins zweite Kabinett Palmerston als Schatzkanzler den Richtungswechsel zum Liberalismus endgültig vollzogen. Dass Victoria diesen konservativ grundierten Liberalismus als staatsgefährdenden Radikalismus denunzierte, zählt zu den grandiosen Missverständnissen zwischen der Königin und ihrem Premier. Gladstone führte nach Disraelis Sturz bis 1874 das wichtigste Reformkabinett der viktorianischen Epoche. Wie schon 1832 kam es auch nach dem zweiten Wahlgesetz von 1867 wieder zu einer Reihe von Anschlussreformen. Die Trennung von Kirche und Staat in Irland, die Verbesserung der Rechte irischer Pächter gegenüber den Großgrundbesitzern, die Abschaffung der Ämterpatronage zugunsten von Fachexamina in der Beamtenschaft und ein Verkaufsverbot von Offizierspatenten gehörten ebenso zu den innenpolitischen Neuerungen wie die Öffnung der Universitäten Oxford und Cambridge für nicht-anglikanische Studenten, die Schulpflicht bis zum dreizehnten Lebensjahr und die geheime Stimmabgabe, durch die endlich die Einflussnahme der Grundbesitzer auf das Wahlverhalten der von ihnen abhängigen Bevölkerung unterbunden werden sollte.

Gladstone ertrug die unverhohlene Reserve, die Ihre Majestät ihm gegenüber an den Tag legte, mit christlicher Ergebenheit. Gleichviel ob er sie gegen die Monarchiekritiker engagiert in Schutz nahm oder umstrittene Apanageforderungen für ihre Kin-

der parlamentarisch durchsetzte, sie fand keine Worte der Anerkennung. Dezent versuchte er seiner Herrscherin beizubringen,
dass es wenig Sinn mache, die Symptome des Republikanismus zu
bekämpfen, ohne dessen Ursachen beseitigen zu wollen. Victoria
stellte sich taub.

Immerhin gab sie, wenn auch widerstrebend, Gladstones
Drängen nach, die Gunst der Stunde zu nutzen und Berties Gene-
sung von seiner schweren Erkrankung, die die Sympathiewerte für
das Königshaus hatte steigen lassen, mit einem festlichen Dank-
gottesdienst zu begehen. Und so formierte sich zur St. Paul's Cathedral ein Festzug, wie ihn London seit Jahr und Tag nicht zu sehen
bekommen hatte. *Ich höre noch immer die brausenden Hochrufe und
werde nie die Begeisterung vergessen.*[99] War dieser Triumph nicht Beweis genug, dass die Monarchiekritik in Parlament und Presse nur
eine Ausgeburt intellektueller Wichtigtuer war? Auch ein neuer-
licher Mordversuch, der sechste und vorletzte, gab auf eigentümliche Weise der Popularität der Monarchin weitere Schubkraft.
Und doch wäre es voreilig gewesen, bereits auf grundsätzlichen
Wandel zu spekulieren. Tauwetter hatte sich eingestellt, noch
nicht jener Hochsommer der viktorianischen Monarchie, der das
Alter der Königin überstrahlen sollte.

Diesen Hochsommer herbeizuführen sollte Benjamin Disraeli
vorbehalten bleiben. Die Krone, nun vom effektvollen Licht des
Imperialismus beleuchtet, begann sich als Symbol der Einheit von
Vereinigtem Königreich und Empire zu profilieren – eine Entwicklung, an der Victoria zunehmend Gefallen fand. Auch ohne
Regierungsamt hatte Disraeli zur Königin Kontakt unterhalten,
sie natürlich auch auf der Oppositionsbank gegen Monarchiekritiker verteidigt. Bei den Parlamentswahlen 1874 überzeugte er die
Mehrheit der Wähler mit einem Manifest für eine aktivere Außenpolitik, eine Politik, die endlich Großbritanniens Rolle als Weltmacht gerecht werde und den Ausbau und die Konsolidierung des
Empire vorantreibe. Im Lande herrschte imperiale Aufbruchstim-
mung, die, launischer Zeitgeist, das Interesse an der Gladstone'-
schen Reformflut verebben ließ.

Disraelis neuerliche Ernennung zum Premierminister war der
Auftakt für jene sechs erfüllten Herrscherjahre, die die Königin im

Premierminister Benjamin Disraeli (1804 – 1881), Victorias
«Melbourne» im Witwenstand, zur Audienz bei seiner
Königin. Gemälde von Theodore Blake Wirgman 1878
nach Abschluss des Berliner Kongresses

Witwenstand erleben durfte. Ein Freund stand an ihrer Seite, ein
Mann, der durch den kürzlichen Tod seiner Frau wie die Queen das
Leid des Verlusts zu ertragen hatte. Victoria fühlte sich verstanden,
und «Dizzy» tat alles, um dieses Gefühl sorgsam zu hegen und zu
pflegen. Die Worte blieben in Schmeicheleien wattiert. «Feenkönigin» nannte der Troubadour seine matronenhafte Herrin. Ließ
sich die Süffisanz durch die literarische Anspielung[100] mildern?
Für den Taktiker war das Kalkül einfach: Ein Premier, der jeden politischen Erfolg seiner Monarchin zum persönlichen Verdienst an-
rechnet, der ihrer Meinung in nebensächlichen Fragen den Vorzug
gibt, der auch Widersprüchlichem nicht widerspricht, der mit
wohlfeilen Artigkeiten lobt, wo andere dozieren, und seine eigene
Macht anscheinend unter den Scheffel stellt – ein solcher Premier

muss zur Durchsetzung seiner Politik nicht mit großen Reibungsverlusten und Widerständen durch die Krone rechnen.

Im Gegenteil, Victoria ließ sich von «Dizzys» imperialer Politik begeistern. Ihre parteipolitische Neutralität, die erst der Prinzgemahl hatte ins Lot bringen können, geriet unter seinem Einfluss erneut außer Kontrolle. Die einstige Whig nahm jetzt für die Konservativen unverblümt Partei und ließ es an Gnadenerweisen für ihren geschmeidigen Premier nicht fehlen. Der wichtigste wurde im August 1876 amtlich bekannt gegeben: aus Benjamin Disraeli wurde der Earl of Beaconsfield. Für einen jüdischen, zum Christentum konvertierten Jungen aus bürgerlichem, aber nicht reichem Hause, dem Oxford und Cambridge verschlossen geblieben waren, der nur über Um- und Seitenwege zur Politik gefunden hatte, war dies die gesellschaftliche Krönung einer geradezu märchenhaften Karriere.

Von Märchenglanz anderer Art wusste der Prince of Wales nach seiner Rückkehr aus Indien, dem Kronjuwel des britischen Empire, zu berichten. Seit den blutigen Aufständen und der Neuordnung der Herrschaftsstrukturen auf dem Subkontinent waren fast zwanzig Jahre vergangen. Ein Vizekönig regierte im Namen einer Königin, die spätestens seit der Gründung des deutschen Kaiserreichs die Überzeugung gewann, ihre traditionelle Titulatur bringe nur unzureichend ihre wahre Stellung in der Welt zur Geltung. An der Spitze der Großmächte des Kontinents – Österreich, Russland und Deutschland – standen Kaiserliche Majestäten. Sollten dereinst der Monarchin sogar der Berliner Schwiegersohn und die Tochter den Rang ablaufen? An eine Änderung der britischen Titulatur war natürlich nicht zu denken, das wäre parlamentarisch nicht durchsetzbar gewesen, doch eine wirkungsvolle Ergänzung musste sich arrangieren lassen – und dafür bot sich das Indian Empire, dessen Sonderstatus Victoria vom Colonial Empire auch sprachlich stets sorgfältig zu trennen pflegte, nachgerade an. *Ihre eigenen Minister und Vizekönige haben sie ständig «Kaiserin von Indien» genannt*[101], behauptete sie nicht ohne Chuzpe, so als wolle sie einer Selbstverständlichkeit lediglich eine offizielle Fassung geben.

Disraeli verstand den Wink mit dem Zaunpfahl. Ihm konnte diese «Standeserhöhung» nur recht sein, trug sie doch dazu bei, das imperiale Selbstbewusstsein des Landes zu verstärken. Und so setzte er all seine Überzeugungskraft ein, um den Wunsch seiner Feenkönigin parlamentarisch durchzusetzen. Man müsse den Völkern Asiens, wo der Kaiser von Russland in zunehmendem Maße den Interessen des Vereinigten Königreichs in die Quere komme, die Ebenbürtigkeit beider Kronen verständlich machen, hieß es offiziell. Als es am 1. Mai 1876 im Parlament zur Abstimmung kam, hielten immerhin 134 Abgeordnete den indischen Kaisertitel für entbehrlich, doch die Mehrheit gab ihr Einverständnis, und so durfte die Queen fortan als «V. R. & I.» firmieren, als «Victoria Regina et Imperatrix». Die Souveränin genoss die Freuden ihrer Beförderung nicht weniger intensiv als ein normaler Sterblicher.

Es wurde Ihrer Majestät Titel als Kaiserin von Indien […] auf der Ebene von Delhi mit höchst eindrucksvollem Pomp und Glanz proklamiert, in Anwesenheit fünfzig regierender Häupter und ihres Gefolges, einer ungeheuren Menge eingeborener Fürsten und Edlen aus allen Teilen Indiens, […] dazu einer ungeheuren Menge nichtbeamteter Untertanen Ihrer Majestät aus allen Schichten, Europäer und Eingeborene. Die Blüte des indischen Heeres Ihrer Majestät war in der Ebene aufgestellt und bildete einen prächtigen Anblick.

Aus dem Bericht über die Kaiserproklamation am 1. Januar 1877

«Dizzy» hatte sich als Diener seiner Herrin exzellent bewährt. Welcher Politiker aber hätte es jetzt noch mit diesem selbstlosen, ergebenen, wunderbaren, edlen Ersten Minister Ihrer Majestät aufnehmen können?

Kaiserin von Indien, das hieß freilich auch Anspruch auf eine Weltgeltung, die sich mit öffentlichkeitsscheuer Zurückgezogenheit nicht vertrug. Victoria wusste es nur zu genau. Das durch Disraeli neu gestärkte Selbstbewusstsein gab ihr endlich die Kraft, sich auch für die repräsentativen Aufgaben ihres Berufs so zu disziplinieren, dass deren Bewältigung nicht mehr zuvörderst von den Wechselfällen ihrer Gemütsstimmungen diktiert wurde. Die magische Aura der Krone, die kürzlich noch von republikanischen Parolen zersetzt schien, gewann neue Stabilität. «V. R. & I.» wurde zum Symbol für die Hoch-Zeit des britischen Imperialismus. Kaum je verging ein Tag, an dem die Presse ihre Leser nicht mit Bildern von Soldaten Ihrer Majestät bei der Eroberung oder Verteidigung afrikanischer und asiatischer Kolonien bekannt machte. Dass der zunächst wertneutrale Imperialismusbegriff durch seine Vermischung mit Patriotismus und

Nationalismus eine spezifische Ideologie ausbildete, war kein britischer Sonderweg, sondern eine kolonialeuropäische Entwicklung, deren Preis das 20. Jahrhundert zu zahlen hatte.

Königin Victoria hat das Indian Empire genauso wenig persönlich kennen gelernt wie Teile des Colonial Empire. Ihre Auslandsaufenthalte beschränkten sich auf Deutschland, Frankreich und die italienische Riviera. Dennoch entwickelte sie gerade für Indien ein besonderes Faible. Sie umgab sich mit einer indischen Leibgarde, lud alljährlich in England weilende Inder zu einem Empfang, verlieh als Orden den «Stern von Indien» und das «Großkreuz des Indischen Empire» in drei Stufen. Später ließ sie in Osborne für die Huldigungsgeschenke indischer Fürsten den Durbar-Flügel anbauen, mühte sich mit begrenztem Erfolg, Hindustanisch zu lernen, beschäftigte indische Diener und einen Munshi, einen Privatsekretär, namens Abdul Karim, der als persönlicher Betreuer die Nachfolge des verstorbenen John Brown antrat. Wie der eigenwillige Schotte hatte auch der Munshi bei Hofe keine gute Presse. In Tratsch und Verdächtigungen mischten sich jetzt fremdenfeindliche Untertöne. Mit rassistischen Tiraden hatte man der Queen indessen noch nie imponieren können. Ihrem Kolonialminister Lord Carnavon gab sie kritisch zu bedenken, *dass die eingeborenen und farbigen Rassen mit aller Güte und Liebe behandelt werden sollten, als Brüder und nicht – wie bei Engländern leider nur zu oft üblich – als völlig von uns verschiedene Wesen, die nur dazu da sind, zertreten und niedergeschossen zu werden*[102]. Das war deutlich genug.

Victorias Kenntnisse über die Kolonien blieben mangels eigener Anschauung und Erfahrung amtlich gefiltert und damit notwendigerweise lückenhaft. Unter diesen Bedingungen war es ihr kaum möglich, die Komplexität der Probleme zu durchschauen, die das rasante Wachstum dieses Kolonialreichs mit sich brachte. Natürlich war sie von der Rechtmäßigkeit des Territorialbesitzes zutiefst überzeugt. Von den wirtschaftlichen Interessen des Mutterlandes war keine Rede. Stattdessen sprach sie von der friedenstiftenden Wirkung britischer Präsenz, *weil die einheimischen Herrscher ihre Autorität nicht aufrechterhalten können. [...] Nicht, um unsern Kolonialbesitz zu erweitern, sondern um Krieg und Blutvergießen zu vermeiden, müssen wir dies tun.*[103] Koloniale Machtpolitik als

"NEW CROWNS FOR OLD ONES!"

Königin Victoria als Kaiserin von Indien in der Karikatur. Benjamin Disraeli, der als Dank für die parlamentarische Durchsetzung des neuen Titels zum Earl of Beaconsfield geadelt worden war, überreicht seiner hochverehrten «Feenkönigin» das kaiserliche Diadem. Spöttischer Untertitel: «Neue Kronen gegen alte!» Karikatur aus dem «Punch», 1876

Kriegsverhinderungspolitik – das war ein Rechtfertigungsversuch, der als Propaganda verführerisch sein mochte, die Wirklichkeit aber bis zur Unkenntlichkeit in den Schatten stellte.

Je mehr das Empire wuchs, desto größer wurde seine militärische Anfälligkeit. Victoria wusste es nur zu genau. *Wenn wir unsere Stellung als Großmacht behaupten wollen [...], müssen wir in unserem Indian Empire und unseren großen Kolonien ständig auf Angriffe und Kriege vorbereitet sein.*[104] Die Königin, die nicht müde wurde zu betonen, wie sehr sie in Europa Krieg verabscheue, kalkulierte in Übersee Krieg als feste Bezugsgröße ein. Was sie in Europa aus zivilisatorischen Gründen als verwerflich empfand, legitimierte sie anderswo aus zivilisatorischem Sendungsbewusstsein, jedoch nur dann, wenn es um britische Belange ging. So waren der Zulukrieg, der Ashantikrieg und auch der Afghanische Krieg bedauerliche, aber unumgängliche Notwendigkeiten zur Festigung der britischen Kolonialordnung. Da aber den Preis für diese machtgestützte Kolonialpolitik die Soldaten zu zahlen hatten, verklärte sie, ganz im Einklang mit ihrem Jahrhundert, deren Verluste romantisch als Heldentod auf dem berühmten Feld der Ehre. *Der Verlust tapferer Offiziere und Mannschaften ist für die Königin immer ein Grund tiefen Kummers, aber unvermeidlich; und bei der Erfüllung seiner Pflicht für Vaterland und Herrscher zu sterben, ist ein würdiges, erhabenes Ende der irdischen Laufbahn eines Soldaten.*[105]

In Europa führte das Vereinigte Königreich zwischen 1815 und 1914 nur auf der Krim Krieg, was nicht heißt, dass die unendliche Geschichte der Balkankrisen keine Gelegenheit für neue, gefährliche Konfrontationen, vor allem mit Russland, gegeben hätte. 1875 war es wieder mal so weit. Nachdem sich die bulgarischen Bauern gegen die türkische Herrschaft erhoben und Serbien und Montenegro der Hohen Pforte den Krieg erklärt hatten, schien eine Neuauflage des Krimkriegs unausweichlich zu sein. Wieder würde der Zar sein Heer gegen den Sultan mobilisieren, wieder würde Großbritannien den Schutz des Osmanischen Reichs übernehmen, um das Vordringen der Russen auf dem Balkan und damit eine Veränderung der politischen Kraftfelder zu verhindern. Mochte London Konstantinopel vor diesem angeblichen Automatismus noch so sehr warnen, die Türken waren überzeugt, dass den Briten gar nichts anderes übrig blieb, wollten sie nicht ihre vitalen Interessen in Indien gefährden.

Inzwischen aber hatte Disraeli die Suezkanal-Aktien des bankrotten ägyptischen Khediven aufgekauft, ein erster spektakulärer Schritt zur Kontrolle über jenen Kanal, der den Seeweg nach Indien beträchtlich verkürzt. Dass dieser Coup die politische Bedeutung der Handelswege durch die Türkei relativierte, wurde in Konstantinopel nicht registriert. Umso größer war die Enttäuschung im April 1877, als der russischen Kriegserklärung an die Hohe Pforte nicht die britische an die Russen folgte. Auch Victoria war enttäuscht, ja mehr als das: sie war zutiefst erbittert. Demonstrativ schickte sie Verbandszeug an den Bosporus. Obwohl es mit ihren Sympathien für die Türken nicht weit her war, blieb ihr unverständlich, wie die eigene Regierung in dieser Situation abseits stehen konnte. Das Kabinett war gespalten. Vor allem Außenminister Derby und Kolonialminister Carnavon, die mit taktischen Winkelzügen gegen einen britischen Kriegseintritt manövrierten, zogen sich allerhöchste Ungnade zu.

Der Premierminister, seltsam unentschlossen, verlegte sich auf die Formel, der Frieden könne nur durch massive englische Kriegsdrohungen herbeigeführt werden. Da der Vormarsch der Russen unaufhaltsam schien, schrieb sich die Königin die Finger wund, damit ihre Truppen endlich dem Feind entgegenzögen. Mehrfach drohte sie ihrem Freund Disraeli sogar mit Rücktritt, der seinerseits das gleiche Mittel nutzte, um sein zerstrittenes Kabinett in Schach zu halten. Wenn man die russische Besetzung Konstantinopels zuließe, so die Queen, *dann wäre England [...] keine Großmacht mehr, und die Regierung, die dies gestattet, könnte nicht mehr bestehen bleiben!*[106]

Disraelis Saat war aufgegangen. Die Königin zitterte vor nationaler Erregung. Nicht das Osmanische Reich stand auf dem Spiel, sondern Britanniens Weltgeltung. Der Hass auf Russland aber wuchs sich zu traumatischem Verfolgungswahn aus. Victoria war rätselhaft, wie jemand glauben könne, *dass wahre Religion und Zivilisation von Russen gefördert wird, die beinahe noch barbarischer und grausamer sind als die Türken. Wenn sie auch nicht auf dieselbe Weise töten und morden, so ist das langsame Töten durch Gefangenschaft, Verbannung nach Sibirien und Misshandlungen aller Art, von denen niemand etwas erfährt, mindestens ebenso schlimm, wenn nicht schlimmer.*[107]

Die britische Öffentlichkeit aber entsetzte sich nicht über Mutmaßungen russischer Mordlust im allgemeinen, sondern ganz konkret über ein Massaker türkischer Freischärler, das im Sommer 1876 12000 bulgarischen Christen das Leben gekostet hatte. William Gladstone war so schockiert, dass er sich mit einer leidenschaftlichen Anklageschrift in der Politik zurückmeldete. Seine «Bulgarian Horrors and the Questions of the East» wurden allein in einem Monat in 200000 Exemplaren abgesetzt.

Auch Victoria zeigte sich über die Gräuel fassungslos. Doch dass der auch als Parteiführer zurückgetretene Liberale mit moralischem Rigorismus zu Felde zog, in Massenveranstaltungen einen Propagandakreuzzug gegen die Pforte führte und damit die Bevölkerung in «Russen» und «Türken» spaltete, beobachtete die

Königin mit wachsender Empörung. Je türkenfeindlicher sich Gladstone äußerte, desto türkenfreundlicher reagierte Victoria – einvernehmlich mit ihrem Premierminister, der in Unkenntnis des wahren Tatbestands den schweren Fehler beging, das Blutbad als propagandistische Übertreibung abzutun, und damit seinem politischen Gegner zusätzliche Munition lieferte. Dass Zar Alexander II., für den Gladstone offen Partei ergriff, überhaupt den Krieg gegen die Pforte gewagt habe, sei nur so zu erklären, dass er dazu *in der nachdrücklichsten Weise durch die sonderbare und mir gänzlich unverständliche Agitation einiger Mitglieder meiner früheren Regierung – und speziell eines Mitglieds – verleitet worden sei*[108]. Mit anderen Worten: Gladstone hatte die Russen angestiftet.

Das war zwar blühender Unsinn – abgesehen davon, dass der Streit um Englands Beteiligung am Russisch-Türkischen Krieg quer durch alle politischen Lager ging –, doch das Stigma des Fanatikers ließ sich nicht mehr retuschieren. Die verstörte Queen erklärte ihren früheren Premierminister zu einem «Halbverrückten», und Disraeli assistierte mit dem Hinweis, man habe es mit einem «grundsatzlosen Wahnsinnigen» zu tun. Dass sich Victoria in ihrem blindwütigen Russenhass mindestens genauso fanatisch aufführte, wie sie es Gladstones Türkenhass unterstellte, gehört zu jenen politischen Pikanterien, die im Eifer des Gefechts verloren gehen. Wie in keinem anderen außenpolitischen Konflikt kämpfte sie, ihre Leidenschaft für Ehre und Ruhm forcierend, mit geradezu zäher Verbissenheit um eine Demonstration britannischer Weltgeltung. Der Jingoismus kündigte sich an, jene britische Form des Chauvinismus, der sich zu einer europäischen Pest ausweiten sollte.

So intensiv und ausgiebig Victoria riet, warnte, forderte, die enge Begrenztheit ihres Handlungsspielraums bekam sie mehr denn je zu spüren. Denn wirklichen Einfluss auf den Verlauf der Politik räumte ihr auch ihr Freund Disraeli nicht ein. Und so mischte sich in den Aufruhr der Gefühle Resignation. *Es ist eine elende Sache, eine konstitutionelle Königin zu sein, und nicht tun zu können, was richtig ist.*[109]

Andererseits erfüllte Lord Beaconsfield alle außenpolitischen Hoffnungen der Queen geradezu glanzvoll. Der Berliner Kongress 1878, der den russischen Diktatfrieden von San Stefano beiseite schob, war nicht nur die große Stunde des «ehrlichen Maklers» Bismarck, sondern auch die des britischen Premierministers. Der Zar musste seine großbulgarischen Träume begraben und der Konstituierung eines Fürstentums Bulgarien zustimmen, auf dessen Thron Alexander von Battenberg gewählt wurde, ein von Victoria hochgeschätztes Mitglied der hessischen Verwandtschaft der im selben Jahr verstorbenen Tochter Alice. Als der Kongress das österreichische Besetzungsrecht über Bosnien und Herzegowina sanktionierte, hatte Disraeli eines der Hauptziele seiner Diplomatie erreicht: die Zerschlagung des Dreikaiserbunds (Österreich, Russland, Deutschland). Russland, der militärische Sieger über die Hohe Pforte, wurde zum Verlierer im diplomatischen Kräftespiel.

Das Vereinigte Königreich aber verließ dank Disraeli den Kongress als spektakulärer Gewinner. Zypern war die diplomatisch eroberte Beute, die der Premier als Gegenleistung für ein Verteidigungsbündnis mit Konstantinopel nach Hause brachte. Als «Löwe des Berliner Kongresses» gefeiert, stand der Premierminister auf dem Höhepunkt seines Ruhms. Mochte Gladstone die Zypern-Konvention als «Wahnsinnsbündnis» kritisieren, weil es den Türken einen Verteidigungspakt garantierte, für Victoria war das schlichtes Greisengeschwätz eines Mannes, dessen Karriere Gott sei Dank beendet war. Ihn noch einmal in einer Regierung Ihrer Majestät verantwortlich zu denken – welch absurdes Gedankenspiel, *denn ich könnte niemals den kleinsten Funken Vertrauen zu Mr. Gladstone haben nach seinem ungestümen, schädlichen und gefährlichen Verhalten in den letzten drei Jahren*[110].

Übers Jahr hieß, zum zweiten Mal, der Premierminister des Vereinigten Königreichs William Gladstone. Das kam für die Queen genauso überraschend wie für Disraeli. Beide rechneten fest mit einem Sieg der Konservativen bei den Unterhauswahlen, die der Premier für April 1880 festgesetzt hatte; und selbst wenn man das Unwahrscheinliche, einen Sieg der Liberalen, einkalkulierte, so galt Gladstone als politischer Rentier, denn die Parteiführung lag im Oberhaus schon seit Jahren bei Lord Granville und im Unterhaus bei Lord Hartington. Als Disraeli die in Baden-Baden weilende Queen mit der Telegrammnachricht schockierte, der unberechenbare Wählerwille habe sich mehrheitlich für die Liberale

William Gladstone (1809–1898), der Führer der Liberalen, erwarb sich mit seiner Reform- und Intergrationspolitik große Verdienste um den Ausbau der britischen Demokratie. Die Queen zählte zu seinen fanatischsten Gegnern. Gemälde von Alfred Morgan: «Mr. Gladstone im Omnibus» (rechts mit Zylinder)

Partei entschieden, kabelte sie zurück: *Was es für mich bedeutet, Sie als Minister zu verlieren, ist nicht zu ermessen. Aber ich vertraue darauf, dass Sie immer mein Freund bleiben, an den ich mich wenden und auf den ich mich verlassen kann.*[III] Abgesehen vom seligen Lord Melbourne wurde kein anderer Premierminister mit solchen Worten freundschaftlicher Zuneigung ausgezeichnet.

Den Rückzug in den Ruhestand begleitete Victorias Wunsch, von ihm auch künftig politisch beraten zu werden, beispielsweise über den Zustand der Parteien, die Zukunft des eroberten Kandahar oder die orientalischen Angelegenheiten. Das kam zwar einem glatten Vertrauensbruch gegenüber dem Nachfolger im Amt gleich, von dem seltsamen Verfassungsverständnis ganz abgesehen. Doch was wollte das bedeuten, da man die Feenkönigin ihres Oberon beraubt hatte, des Einzigen, dem sie rückhaltlos vertraute! Allein dieser Verlust zählte. Das Mindeste, was die Queen vom Nachfolger glaubte fordern zu können, war dessen Verpflichtung

zur nahtlosen Fortsetzung der Disraeli'schen Außen- und Kolonialpolitik – ein reichlich kühnes Ansinnen, das königliche Kompe-
tenzen vortäuschte, die nicht existierten.

Als schließlich alles dann doch wieder auf den verhassten
William Gladstone hinauslief, weil nur er von der Parteiführung
für fähig gehalten wurde, die heterogenen Kräfte des Liberalismus
– alte aristokratische Whigs, einstige Peeliten, Radikale, Sozialis-
ten, Iren und Republikaner – zu bändigen, bestärkte dies die
Queen in ihrem Vorsatz, den Schriftverkehr mit dem Premier
künftig auf *formale offizielle Angelegenheiten*[112] zu beschränken.
Eine Trotzreaktion gegen das Unvermeidliche, das sich nur durch
den tröstlichen Gedanken ertragen ließ, Disraelis baldige Rückkehr in die Regierungsverantwortung werde die gegenwärtige Lösung zur Episode degradieren. Im Jahr darauf sollte der Tod des sie-
benundsiebzigjährigen Disraeli, *einer meiner besten, ergebensten und
liebenswürdigsten Freunde und einer meiner klügsten Ratgeber*[113], diese
Illusion zerstören. Eine andere Illusion löste das Procedere der
Regierungsbildung endgültig auf. Mochte die Königin in Briefen
und Gesprächen mit noch so großartig-unbedingter Entschlossen-
heit gegen einen ihr zutiefst missliebigen Politiker wüten, in der
Praxis musste sie sich dem Willen der Mehrheitspartei fügen. Nur
um den Preis einer Verfassungskrise hätte sie den neuen Premierminister verhindern können – ein Risiko, das einzugehen die
Monarchie in ihrer Substanz hätte beschädigen müssen. Vor einer
solchen Konsequenz scheute die Queen dann doch zurück.

Das hinderte sie freilich nicht, andere Grenzbereiche der Verfassung sehr eigenwillig zu testen und gelegentlich auch zu über-
schreiten. Mit ihren zähen Versuchen, zwischen die Liberalen und
den ungeliebten Premierminister einen Keil zu treiben, um ihn zu
isolieren, erwies sie sich als trickreiche Parteipolitikerin, die so tat,
als sei die Parteienneutralität der Krone das Papier nicht wert. Mit
anderen Worten: Ihre Majestät höchstselbst opponierte gegen
Ihrer Majestät Regierung.

So warnte sie beispielsweise im Wahlkampf 1885 Mr. George
Joachim Goschen, den 1. Lord der Admiralität im ersten Kabinett
Gladstone, vor den Gefahren, *wenn die Regierung wiederum in die
fahrlässigen Hände Mr. Gladstones fällt.* Sicherheit und Wohlfahrt
des Reichs und des Throns seien von Vernichtung bedroht, hieß es

hochdramatisch. *Ich bin überzeugt, Sie und Lord Hartington und viele andere gemäßigte Liberale könnten das Land retten, wenn Sie sich von Mr. Gladstone trennten [...].*[114] Das war nichts anderes als eine Aufforderung zur offenen Parteirebellion, zur Illoyalität gegen den Premierminister. Kann es da noch erstaunen, dass Victoria Gladstones Briefe in Abschriften an Lord Salisbury, den Führer der Konservativen, weiterleiten ließ?

Aus Beispielen dieser Art ließe sich leicht ein Sündenregister zusammenstellen. Es war nicht ohne Delikatesse, wenn sie, ihre brüskierende Geheimdiplomatie gegen die eigene Regierung verdrängend, sich in Ohnmachtsklagen Luft verschaffte: *Die Regierung benimmt sich ganz und gar nicht loyal gegen mich.*[115] Wären die Intrigen, die sie hinter den Kulissen inszenierte, öffentlich bekannt geworden, der Sturm der Entrüstung hätte die konstitutionelle Monarchie in neue, gefährliche Untiefen treiben müssen. Natürlich fehlte es nicht an Rechtfertigungen, um diese Obstruktionspolitik zu legitimieren. *Ich kann das Gute nicht tun, das ich tun möchte, und das Unheil nicht verhindern, das ich kommen sehe.*[116]

In einer Hinsicht hatte Victoria völlig Recht: *Mr. Gladstone scheint die ganze Sache für «sekundär zu halten, obwohl sie äußerst wichtig ist».*[117] «Die ganze Sache» – das war der Aufstand des Mahdi im Sudan, in erweitertem Sinne aber die Kolonialpolitik des Empire insgesamt, die – sei es in Afghanistan, sei es in Ägypten, sei es in Südafrika – ohne den energischen Zugriff eines Disraeli auskommen musste. Gladstones zögerliche, schwächliche Politik war nicht ein Attest persönlicher Unfähigkeit, sondern persönlichen Desinteresses. Der koloniale Imperialismus widersprach seinen sittlichen Wertvorstellungen – eine Haltung, mit der er nicht den Geist der Zeit und schon gar nicht den der Königin traf.

Als sich der Aufstand des Mohammed Ahmed, der sich als Mahdi («Rechtgeleiteter») ausgab und damit seinen Führungsanspruch als muslimischer Welt- und Glaubenserneuerer absicherte, zu einem siegreichen heiligen Krieg gegen die ägyptische Fremdherrschaft und deren britische Drahtzieher im Sudan ausweitete, beschloss das Kabinett Gladstone, das Wüstenland aufzugeben und mit der Räumung der Garnisonen und der Organisation des Rückzugs den General Charles Gordon, einen populären Haudegen auf den kolonialen Schlachtfeldern, zu beauftragen.

Nicht nur der größere Teil der öffentlichen Meinung, auch die Königin nahm diese Entscheidung ungnädig auf. Wie der Zeitungsleser am heimischen Kamin sah die Monarchin die Ehre des Vaterlandes in Gefahr. Gordons Verhalten vor Ort muss von ähnlichen Überlegungen bestimmt worden sein, denn statt sich auf eine defensive Kriegsführung zu beschränken, ging er dazu über, eine Wiedereroberung des Sudan zu versuchen. Das war angesichts der schwachen Kräfte, die ihm zur Verfügung standen, nicht nur tollkühn und aberwitzig, sondern widersprach auch eindeutig den Weisungen des Kabinetts. Als ihn die Truppen des Mahdi in Khartum einschlossen, forderte die Queen von ihrem Premierminister, *wenn schon nicht aus Gründen der Menschlichkeit*, dann doch *um der Ehre der Regierung und der Nation willen*[118] die Entsendung einer Militärexpedition. Kriegsminister Hartington lehnte mit dem Argument ab, Gordon habe genau gewusst, dass zum Entsatz der Garnison keine Truppen zur Verfügung stünden.

Die Belagerung Khartums dauerte bereits ein halbes Jahr, doch die Regierung, begleitet vom Zorn der auf rasche Hilfe insistierenden Queen, konnte sich immer noch nicht zu einem Entschluss durchringen. Als sie unter dem Druck der Öffentlichkeit endlich Expeditionstruppen in Marsch setzen ließ, war es zu spät. Die Befreier fanden eine eroberte Stadt vor; die Sieger hatten den Kopf General Gordons dem Mahdi als Trophäe zu Füßen gelegt. Ein Märtyrer des britischen Kolonialimperialismus war geboren, ein Idol des Offizierskorps, das für Gladstones zögerliche Haltung nur tiefe Verachtung empfand.

Dass ausgerechnet der Erste Minister Ihrer Majestät die Tatkraft eines Kolonialherrn hatte vermissen lassen, nahm man ihm in weiten Kreisen der Bevölkerung übel. Im Unterhaus konnte die Regierung vor einem Tadelsvotum nur durch eine kleine Ablehnungsmehrheit von vierzehn Stimmen bewahrt werden. Victoria aber gab ihrer persönlichen Missbilligung eine ungewöhnliche Form, indem sie ihrem Premier ein unverschlüsseltes Telegramm zukommen ließ, das einer öffentlichen Rüge gleichkam: *Die Nachrichten von Khartum sind entsetzlich, und der Gedanke, dass durch früheres Handeln dies alles hätte verhindert und viele wertvolle Menschenleben hätten gerettet werden können, ist zu entsetzlich.*[119] Die Beziehungen zwischen Victoria und ihrem Premier waren auf einem

Tiefpunkt angelangt. Die Queen hielt die Demütigung der Krone, die sie Gladstones Unentschlossenheit anlastete, für genauso unentschuldbar wie Gladstone den gezielten Affront seiner Souveränin. Ein Rücktritt, von ihr inständig erhofft, hätte nahe gelegen, doch diesen Gefallen tat ihr der «Halbverrückte» nicht. Dafür sorgte wenig später die eigene Partei.

War die Khartum-Affäre schon verstörend genug, mit seiner Irland-Politik setzte Gladstone die Liberalen einer Zerreißprobe aus, die Peels einstigem Kampf um den Freihandel in nichts nachstand. Da das nachfolgende konservative Minderheitskabinett von Lord Salisbury in den Wahlen des Spätherbsts 1885 nicht bestätigt wurde, musste die Queen den verhassten Gladstone zum dritten Mal als Premierminister akzeptieren. Liberale und irische Nationalisten hatten eine parlamentarische Mehrheit zustande gebracht. So konnte Gladstone zur Entschärfung des brisanten Irland-Konflikts einen weiteren Anlauf nehmen. Denn schon bei seinem ersten Regierungsantritt – ein Jahr nach dem niedergeschlagenen Aufstand der Fenier, eines irischen Geheimbundes – hatte er erklärt, er betrachte es als seine Mission, den Frieden in Irland herzustellen.

Die Auswanderungswellen seit den Hungersnöten der vierziger Jahre, die verkarsteten Strukturen zwischen den britischen Großgrundbesitzern und den irischen Pächtern, der weitgehende Ausschluss von der Industrialisierung, ein massiver, nationalistisch befeuerter Republikanismus sowie zunehmende Radikalisierung und Gewaltbereitschaft hatten das Land nicht mehr zur Ruhe kommen lassen. Der Unionsverband von 1801, der Engländer, Schotten, Waliser und Iren zusammenschloss, schien zwar eine rechtliche Gleichstellung aller Teilstaaten zu garantieren, und die Entsendung von 100 irischen Abgeordneten und 32 Peers nach Westminster war, am Bevölkerungsanteil gemessen, durchaus großzügig zu nennen, doch im politischen Alltag gab es gute Gründe für die Behauptung, das Land werde so streng an der englischen Kandare gehalten, dass die Mitgliedschaft in der Union lediglich der Tarnung kolonialer Abhängigkeit diene.

Premierminister Gladstone hatte mit der Auflösung der Anglikanischen Staatskirche in Irland und mit dem Land-Act von 1870, der die rechtliche Stellung der Pächter gegenüber den Großgrundbesitzern verbesserte, demonstriert, dass es ihm mit der Befriedung des Landes ernst war. Elf Jahre später regelte ein weiterer Land-Act endlich auch Pachtzins und -dauer sowie Entschädigungsansprüche. Trotzdem blieben Attentate und Bombenanschläge allgegenwärtig. (Mit zwei Zwangsgesetzen versuchte das zweite Kabinett Gladstone, die Iren in Schach zu halten.)

> Für dies große Land ist der Zustand Irlands nach siebenhundert Jahren Vorherrschaft, solange er besteht, meiner Meinung nach eine unerträgliche Schande und eine so unbedingt alle anderen übersteigende Gefahr, dass ich sie die einzig wirkliche Gefahr für das stolze Reich der Königin nenne.
>
> William Gladstone über den Irland-Konflikt

Auch die Wahlrechtsreform von 1884 setzte sich durch die Gleichstellung der irischen Wähler mit den englischen den Abbau politischer Spannungen zum Ziel. Im Fadenkreuz leidenschaftlicher Debatten stand jedoch die Home-Rule-Bewegung, die sich unter der Führung von Charles Stewart Parnell in der Irish National League konzentrierte. Home Rule, das hieß: irische Selbstverwaltung. Nach den Neuwahlen von 1885 waren Parnells Anhänger im Unterhaus so stark, dass das Schicksal des dritten Kabinetts Gladstone in ihren Händen lag. Schon im Jahr zuvor hatte Gladstone seine Souveränin in einem Memorandum darüber informiert, dass er die Selbstverwaltung Irlands trotz aller möglichen Risiken für unvermeidbar halte. Home Rule wurde in seinem Reformprogramm zur wichtigsten Herausforderung.

Wenn aber ein Politiker wie Gladstone von Reformen sprach, dann wurde die Königin nervös. Da sie davon überzeugt war, es mit einer Regierung zu tun zu haben, *in der viele schlecht verkappte Republikaner sitzen*[120], konnte Reform nur heißen, die Stabilität der konstitutionellen Monarchie zu untergraben. Sie hielt sich an die ihr vorgelegten Fakten: an die schockierenden Massendemonstrationen, an die Gründung nationaler Widerstandsgruppen, an die 26 Morde und 58 Mordversuche an Engländern allein 1882. Victoria war bekümmert, entsetzt, empört. Sie forderte, alles zu tun, um das Land zu befrieden, doch nach den Ursachen dieses Konfliktsyndroms fragte sie nicht. Sie war überzeugt, dass allein drakonische Strafen vor neuen Verbrechen abschrecken konnten. Auch für sie war Irland im Grunde nur eine Kolonie. Wie anders ließe

«Die letzte Hoffnung» nennt sich diese Szene, in der Gladstone mit wenigen liberalen Getreuen von einem Floß aus dem Staatsschiff die Fahne der Home-Rule-Bewegung, der irischen Selbstverwaltung, entgegenhält. Nach dem Verständnis der Queen war diese Politik abenteuerlich.

sich ihre Klage deuten, ihre Regierung besitze nicht die Macht, das Land zu *unterwerfen*[121]?

Auch wenn Victoria dreimal in ihrem langen Leben auf die große westliche Nachbarinsel reiste, zuletzt noch einmal wenige Monate vor ihrem Tod, eine innere Beziehung, wie zu Schottland, hat sie zu diesem Teil ihres Reichs nie zu entwickeln vermocht. Ihrem Privatsekretär sagte sie einmal, es würden nur solche Leute dorthin fahren, *die nach ihrem Besitz sehen müssen*[122]. Als Gladstone sie 1871 von der Notwendigkeit zu überzeugen versuchte, in Dublin eine königliche Residenz zu errichten, wo wenigstens einer ihrer Söhne zeitweise residieren solle, entgegnete sie, *dass es Zeit vergeuden hieße, sie in Irland zu verbringen, wo Schottland und England es doch so viel mehr verdienen*[123].

Den zweiten irischen Land-Act von 1881 bezeichnete die Queen als *großes Unglück*[124]; und als ein wichtiger Reformgegner, der Herzog von Argyll, aus Protest von seinem Amt als Großsiegelbewahrer zurücktrat, beglückwünschte sie ihn persönlich zu diesem Schritt. Victoria forderte, *dass nicht nur die Rechte der Pächter, sondern auch die der Grundbesitzer respektiert werden sollen*[125]. So fand denn auch eine Petition, die 3000 Landlords bei einer Protestversammlung in Dublin aus Sorge um ihren Besitzstand an die Königin gesandt hatten, allerhöchstes Wohlwollen. Dass für Victoria eine irische Selbstverwaltung außerhalb des Denkbaren lag, war ihr Legitimation genug für ihre Oppositionspolitik gegen das dritte Kabinett Gladstone. Wenn schon der schwache Gladstone sich in den Händen des Iren-Führers Parnell befände, dann müssten wenigstens Männer wie Goschen und Hartington alles daransetzen, einen Kurs einzuschlagen, *der vielen gutgesinnten Liberalen die Augen öffnen wird*[126]. Die gemäßigten Liberalen von den radikalen zu trennen betrachtete sie gleichsam als persönliche Verpflichtung. Home Ruler waren nach ihrem Verständnis Extremisten, Republikaner. Dem Premierminister warf sie vor, dass seine Politik *auf die Zerstörung ihres Reichs und die Einführung einer unmöglichen Regierungsform*[127] abziele.

Es bedurfte freilich weder königlicher Donnerworte noch Beschwörungen und schon gar nicht ihrer energischen Bemühungen, die Liberalen zu spalten. Denn in der Home-Rule-Frage war die Partei auch ohne Victorias Einflussnahme zutiefst zerstritten. Ausschluss der Iren aus Westminster, dafür parlamentarische und exekutive Eigenständigkeit, ausgenommen in Fragen der Außen-, Kolonial-, Kriegs-, Zoll- und Schifffahrtspolitik sowie eigene Gerichtsbarkeit mit Appellationsrecht in London – das war eine Regierungsvorlage, die für Zündstoff sorgte. Gladstones härteste Gegenspieler standen in den eigenen Reihen: Joseph Chamber-

Die Premierminister der Königin

1.	1835–39	Melbourne (Whig) II
2.	1839–41	Melbourne (W) III
3.	1841–46	Peel (Tory)
4.	1846–52	Russell (W) I
5.	1852	Derby (T) I
6.	1852–55	Aberdeen (Koalit.)
7.	1855–58	Palmerston (W) I
8.	1858–59	Derby (T) II
9.	1859–65	Palmerston (W) II
10.	1865–66	Russell (W) II
11.	1866–68	Derby (T) III
12.	1868	Disraeli (Kon) I
13.	1868–74	Gladstone (Lib) I
14.	1874–80	Disraeli (Kon) II
15.	1880–85	Gladstone (Lib) II
16.	1885–86	Salisbury (Kon) I
17.	1886	Gladstone (Lib) III
18.	1886–92	Salisbury (Kon) II
19.	1892–94	Gladstone (Lib) IV
20.	1894–95	Rosebery (Lib)
21.	1895–1902	Salisbury (Kon) III

lain, sein ehemaliger Handelsminister, und Lord Hartington, einst Chef des Indien-Ministeriums. Als der Premierminister 1886 das erste Home-Rule-Gesetz im Unterhaus einbrachte, versagten ihm 93 Liberale die Gefolgschaft, worauf er das Parlament auflöste. Der konservative Salisbury, der die Sympathien der Königin genoss, rüstete sich zu seinem zweiten Kabinett. Die Liberalen aber sollten sich von dem innerparteilichen Richtungskampf nicht mehr erholen. Wie sich einst die Peeliten von den Tories abgespalten hatten, so kam es jetzt unter Chamberlains Führung zu einer Sezession der Liberalen Unionisten von den Liberalen.

1892 konnte Gladstone, mittlerweile ein Greis von 82 Jahren, zum Schrecken der Königin zwar noch einmal ein Kabinett zusammenstellen, es war sein viertes, doch zunehmende körperliche Hinfälligkeit zwang den Premier nach achtzehn Monaten, sein Amt Außenminister Lord Rosebery zu überlassen und sich endgültig ins Privatleben zurückzuziehen. Für den Entschluss, sich in diesem hohen Alter überhaupt noch einmal den Strapazen eines Regierungsamts auszusetzen, hatte die ungelöste Home-Rule-Problematik den Ausschlag gegeben. Doch auch der zweite Versuch scheiterte, diesmal am Widerstand des Oberhauses.

Anfang März 1894 bat der alte Mann, taub und halb blind, um seinen Abschied. Für mehr als Ausdrücke allgemeinen Bedauerns fehlten der Königin in der letzten Audienz die Worte. Es blieb bei steifer Förmlichkeit. Doch was anderes hätte man erwarten dürfen? Allenfalls in der wütenden Aversion gegen jegliche Art von gesellschaftlicher Frauenemanzipation hätten sich beide einig gewusst. Zu einem entspannten, konstruktiven Dialog hatten die ins Joch zusammengespannten «Partner» nie finden können. Dafür waren sie nach Temperament und Charakter zu gegensätzlich und in ihrer gegenseitigen Erwartungshaltung zu unterschiedlich. Die Vorurteile der Königin und mancherlei Selbstgerechtigkeit ihres ersten Dieners hatten die Missverständnisse zu einem konstitutiven Teil der Politik werden lassen.

Die Mutter des Empire

Am 20. Juni 1886 begann Königin Victoria das fünfzigste Jahr ihrer Herrschaft. Ermutigt und dankbar nahm sie die ersten Jubiläumsartikel der «Times», des «Standard» und «St. James's» als *Zeichen der Zuneigung, die meine Bemühungen würdigen*[128], zur Kenntnis. Dies hieß freilich nicht, dass die Kritik an der Monarchin endgültig verstummt wäre. Anderwärts konnte man den Vorwurf lesen, sie habe zwanzig Jahre lang einen repräsentativen Hof verhindert; und gelegentlich eines Banketts der Liberalen kam es zum Eklat, als etwa hundert Gäste den Toast auf die Herrscherin verweigerten und demonstrativ auf ihren Stühlen sitzen blieben. Man mag dies als letzte Scharmützel eines jahrelang schwelenden Konflikts abtun. Doch dass sich die Krone «Anfeindungen und Entweihungen» dieser Art überhaupt aussetzte, war das Resultat einer Amtsführung, die, bedenklich in ihrem gelegentlichen Eigensinn und unbelehrbar in ihrer politischen Parteilichkeit, die Königin angreifbar machte. Damit aber beschädigte sie den Verfassungsgrundsatz, dass der Souverän «in keinem Fall […] umstritten sein»[129] dürfe.

Das hieß nicht, dass Victoria, seit je zur Selbstbeobachtung neigend, nicht willens gewesen wäre, eigenes Fehlverhalten zu korrigieren. Schließlich war dieses gleichsam programmatische *Ich will gut sein*[130] mehr als nur das naive Bekenntnis einer Elfjährigen gewesen; es war ein Lebensmotto, ein idealistisches Leitmotiv, das die Queen auch im Alter ernst nahm. Dennoch vermochte dieser Appell an die eigene Charakterstärke zunehmende Selbstgerechtigkeit nicht zu verhindern, die sich, auf einen reichen Erfahrungsschatz im Herrscheramt pochend, in den Schleier scheinbarer Objektivität hüllte und Widerspruch nur schwer ertrug. So schloss die Lebenswirklichkeit trotz aller Bemühungen um das Gute egozentrisches und brüskierendes Verhalten keineswegs aus. Die lange Regierungszeit vermittelte Sicherheit und Scheinsicherheit zugleich – Sicherheit im routinierten Umgang mit den Alltagsgeschäften; Scheinsicherheit in der Beurteilung der gesellschaftlich-politischen Konflikte, da die parteiliche Voreingenommenheit den Blickwinkel für fremde, ungewohnte Argumente trübte und intellektuelle Neugier gar nicht erst aufkommen ließ.

So sah denn eine Jubilarin dem fünfzigsten Jahrestag ihrer Thronbesteigung entgegen, die sich tapfer durch die Widersprüchlichkeiten ihres Lebens gekämpft und so manches Mal sich selbst im Wege gestanden hatte. Dass sie der englischen Monarchie ihre Würde zurückgegeben und die Ausgestaltung des Konstitutionalismus, dessen Komplexität sie wohl nie ganz begriff, ohne eine ernsthafte Verfassungskrise zugelassen hat, sollte man als Gewinn dieser Epoche nicht unterschätzen; dass sie Pyrrhussiege und offene Niederlagen bei der Verteidigung königlicher Prärogative hatte hinnehmen müssen, ergab sich gleichsam zwangsläufig aus der evolutionären Entwicklung des parlamentarischen Systems; dass sie mit den Folgen ihrer ekstatischen Trauer die Langmut ihrer Untertanen auf eine Geduldsprobe gestellt und dabei eine Krise der Monarchie riskiert hatte, war als Stoff für Jubiläums-Elogen freilich wenig geeignet.

Den Makel, im Verfassungssinne umstritten zu sein, nahm sie in Kauf, aber er blieb nicht haften. Spätestens seit dem Khartum-Desaster war Gladstones Stern beim Wahlvolk im Sinken begriffen. Seine verzweifelten Anstrengungen, um den Preis der Parteispaltung der Home-Rule-Bewegung doch noch zum Erfolg zu verhelfen, begleitete die Mehrheit der Wähler mit Skepsis oder offener Ablehnung, zumal der ungestüme Reformwille des Ersten Ministers in einem entscheidenden Punkt versagte: Auf die immer drängender werdende soziale Frage der späten achtziger Jahre (fünfzigprozentige Exportverluste der Wirtschaft und damit zunehmende Arbeitslosigkeit) wusste er keine überzeugende Antwort. Großbritannien hatte die zweite industrielle Revolution verschlafen und neue technische Innovationen weitgehend den Deutschen und Amerikanern überlassen. Victorias Kampf gegen Gladstone war in dieser Phase demnach nur Teil einer allgemeinen Zeitströmung. Der Sieg der Konservativen ersparte ihr die Zumutung, ausgerechnet während des Jubiläums William Gladstone als Premierminister an ihrer Seite ertragen zu müssen. Lord Salisbury hatte zum zweiten Mal ein Kabinett zusammengestellt, mit dem er in den nächsten sechs Jahren die Politik Ihrer Majestät vertrat.

Was das weltweit beachtete Festereignis des britischen Königtums so interessant macht, ist weniger der Ablauf einer glanzvollen Inszenierung, von deren Suggestivkraft sich selbst der Geringste der Untertanen noch fesseln ließ, als deren Folgewirkung. Es begab sich eine Demonstration britannischer Macht und Herrlichkeit, die auf Victorias Herrscherjahre insgesamt eine Leuchtkraft auszustrahlen begann, die die Geschichte blendete. Die Faszination des Jahrhunderts, der Glaube an den zivilisatorischen Fortschritt in all seinen verführerischen Erscheinungsformen schienen in diesen fünf Jahrzehnten bruchlos triumphiert zu haben. Königin Victoria – dieser Name war jetzt mit Epitheta angereichert, die sich in ihrer Summe zur Apotheose ausformten: Symbol der Reichseinheit und britischer Weltmachtgeltung, Hüterin der pax britannica, Verteidigerin des Glaubens, Garantin politischer Kontinuität, Repräsentantin bürgerlicher Ordnung und Wohlfahrt, Urmutter dynastischer Verwandtschafts-

bande, Namensgeberin einer Epoche, Identifikationsmetapher einer kulturellen Wertegemeinschaft. So bildete sich in den letzten fünfzehn Jahren ein Mythos heraus, der das gesamte Zeitalter als viktorianisch imprägnierte. Der Ruhm des Landes lebte in Symbiose mit dem Ruhm der Landesmutter. Eingebettet in nie zuvor gekannte Prachtentfaltung, die wirkungsvoll mit Victorias persönlicher Schlichtheit im Auftreten kontrastierte, pflegte die mittlerweile fast machtlose Monarchie diesen Mythos als Projektion patriotischen Selbstwertgefühls. Im Glanz der Krone sonnte sich ein Nationalbewusstsein, das zunehmend in imperialistischen Chauvinismus abdriftete.

Familientag in Buckingham Palace anlässlich des goldenen Thron-
jubiläums der Queen. Im Zentrum des Bildes: die «Großmutter
Europas» und der Prince of Wales. Ölgemälde von Laurits Regner
Tuxen, 1887

Victoria war keine «Führernatur», schon deshalb, weil Politik
nach ihrem Verständnis «von Natur aus» eigentlich Männersache
war, was sie aber nicht hinderte, um politische Führung zu kämpfen. Das unterentwickelte Talent, in großen Zusammenhängen zu
denken, versuchte sie durch ausdauernde, intensive Beschäftigung
mit Detailfragen auszugleichen – eine intellektuelle Notlösung,
die in den heimlichen Regentenjahren des Prinzgemahls kaum ins
Gewicht fiel, nach seinem Tod aber den Umgang mit bedeutenden

Staatsmännern nicht gerade erleichterte. Victoria hat diesen Mangel an intellektueller Schärfe stets als Hypothek empfunden, obwohl ihre natürliche Lebensklugheit sie durchaus abzutragen verstand. Im Übrigen unterschied sich die Durchschnittlichkeit ihrer Fähigkeiten, die ihr ohne Krone bürgerliche Reputation, aber keine historische Bedeutung eingebracht hätte, um kein Jota von der ihrer Kollegen im Purpur. Den Untertanen aber erleichterte gerade dies emotional den Zugang zum Thron, was freilich nicht bedeutete, dass die Aura des Magischen, die dem Königshaus nach dem Verfassungsverständnis der Zeit seine Fasson gab, allzu sehr dem profanen Tageslicht ausgesetzt werden durfte. Auf Etikette hatte Victoria seit je Wert gelegt und im Alter das Förmliche, Zeremonielle ihres Hofs eher noch verstärkt.

Angesichts solcher Strenge müssen die Protokollbeamten beim Gedanken an das Thronjubiläum von Alpträumen geplagt worden sein. Schließlich hatten sich fast alle Fürstenherrlichkeiten Europas zum festlichen Rendezvous in London angesagt, von den Würdenträgern aus dem Empire ganz abgesehen. Nur Russlands Zar blieb dem Spektakel fern. Die Queen war nicht zu beneiden. Familiendinners, offizielle Bankette, Festumzüge, der Gala-Gottesdienst in Westminster, Empfang von Deputationen und feierlichen Huldigungsadressen, Gartenpartys, Paraden zu Lande und zu Wasser und was dergleichen bei einem solchen Anlass die Krone glänzen lässt – allein die physische Bewältigung dieser schier endlosen Haupt- und Staatsaktionen hätte einschüchtern können; zumal eine Frau von 68 Jahren, die, nicht mehr fest auf den Beinen stehend, sich zeitweise der Hilfe eines Rollstuhls versichern musste. Es war schon erstaunlich, mit welcher Bravour sie ihre Aufgabe meisterte. Wenn es für ihren Triumphzug durch die Hauptstadt überhaupt einen Vergleich geben konnte, dann nach ihrer Einschätzung allenfalls mit der Eröffnung der Weltausstellung. Einen emotionalen Höhepunkt, bei dem sich monarchisches Ritual und familiäre Privatheit glücklich mischten, bildete die Schlussszene in Westminster Abbey. Das einst von Prinzgemahl Albert komponierte «Te Deum» war verklungen, der Gottesdienst beendet, da *traten meine Söhne, Schwiegersöhne, Enkel [...] und Urenkel vor, verbeugten sich und küssten meine Hand, und ich küsste einen jeden; das gleiche Ritual dann bei den Töchtern, Schwiegertöchtern,*

Enkelinnen und Urenkelinnen; sie machten einen Hofknicks, und ich umarmte sie herzlich. Es war ein sehr bewegender Moment, und in manchen Augen sah ich Tränen.[131]

Jubiläumsharmonie allüberall. Die Doyenne der Herrscher, die Großmutter Europas hielt im Namen der britischen Weltmacht Hof. Es lag ein Pathos von Größe, Erhabenheit und Selbstbewusstsein über jenen Tagen, das die Reporter verbal beflügelte und die Massen begeisterte. Als die Queen zum Jahreswechsel Bilanz zog, schrieb sie: *Niemals, niemals werde ich dieses glänzende Jahr vergessen, das so erfüllt war von wunderbarer Freundlichkeit, Loyalität und Verehrung von Millionen, was ich kaum hatte erwarten können.*[132] Sollte es wirklich möglich gewesen sein, dass das Leben sie noch einmal mit Glücksmomenten hatte überraschen können? Staunend und dankbar gab sie sich diesem kaum mehr gekannten Gefühl hin.

Es folgte ein Lebensabend ohne Ruhestand von mehr als dreizehn Jahren. Postalisch schien die Zeit stehen geblieben zu sein; auch jetzt noch waren die Briefmarken, wie seit ihrer Einführung 1840, mit Victorias Jugendporträt bedruckt. Die Königin war eine Institution geworden, die symbolische Verkörperung des britischen Weltreichs, das inzwischen 43 Territorien von der Kronkolonie bis zum sich selbst regierenden Dominion umfasste. Nie wieder hat die Krone jene Strahlkraft entwickelt wie in diesen letzten Jahren des viktorianischen Königtums.

Sieht man von dem liberalen Zwischenspiel ab, das Gladstone kurzzeitig noch einmal zur Macht kommen ließ und das nach dessen Rücktritt Lord Rosebery um fünfzehn Monate prolongierte, so blieb die Regierungsverantwortung, zur Erleichterung der Königin, fortan in den Händen der Konservativen. Robert Cecil, 3. Marquess von Salisbury, ein Mann von nüchterner Intelligenz und moralischer Integrität, sollte die Galerie der viktorianischen Premierminister und die Tradition der Adelskabinette beschließen. Das Vertrauen der Queen hatte er als Außenpolitiker gewonnen, vor allem ab dem Berliner Kongress, wo er wesentlich zu Disraelis Erfolg beigetragen hatte – ein Kapital, das sich in der neuen Funktion gut verzinsen ließ. Und da er sich vor allem in deutschen Belangen ihres Urteils versicherte (ohne dass dies seinen ausgereiften Skeptizismus gegen die neue Großmacht gemildert hätte), war die Zusammenarbeit nur angenehm zu nennen. Sie wusste die Regierung in guten Händen.

So konnte es sich die Königin erlauben, in ihrem Arbeitsaufwand ohne Gewissensbisse auf ihr Alter Rücksicht zu nehmen. Was freilich nicht hieß, dass sie ihre Pflichten weniger ernst genommen hätte. Allein der Krieg gegen die südafrikanischen Burenrepubliken, in dem es nicht zuletzt um die Kontrolle über die reichen Gold- und Diamantenfelder ging, gab Anlass genug für eine intensive Korrespondenz mit der Regierung. Im ungünstigen Verlauf der militärischen Operationen sah die Queen ihre langjährigen Befürchtungen über den unzureichenden Zustand der Armee bestätigt. Bis zuletzt begleitete sie die Berichte über die Kriegsereignisse mit der gleichen Mischung aus Sorge und Zuversicht, Kritik und kolonialer Selbstgerechtigkeit wie in all den Kriegen von ehedem. Dass ausgerechnet Wilhelm II., der deutsche Enkel, durch seine berühmt-berüchtigte Krüger Depesche [133] schon vorab Öl ins Feuer dieses Konflikts gegossen hatte, war nur eine von etlichen außenpolitischen Eskapaden, die er sich ohne Rücksicht auf verwandtschaftliche Beziehungen leistete – eine Brüskierung, die naturgemäß den Zorn der Queen provozieren musste. Die Großmutter scheute sich denn auch nicht, ihre Briefe an den Enkel ohne alle diplomatische Schnörkel in Klartext abzufassen.

Der alte Wilhelm hatte gewiss Recht, als er aus dem Doorner Exil rückblickend feststellte: «Die Königin ist von Anfang an voll besonderer Güte für mich gewesen, eine rechte Großmutter.» Pure Geschichtsklitterung hingegen war seine Behauptung, «dieses innige Verhältnis» habe «bis zu ihrem Tode keine Trübung erfahren [134]». Noch zu seinem vierzigsten Geburtstag wünschte sich Victoria, *er wäre in diesem Alter vernünftiger und weniger impulsiv* [135]. Der Kaiser ließ zur Heimat seiner Mutter eine Hassliebe erkennen, die in ihrer Mischung aus Bewunderung und Schmähung, Großmannssucht und Komplexbeladenheit, Gönnerhaftigkeit und Wettbewerbsneurotik bedenklich auszureifen begann und ein Klima der Sprunghaftigkeit und Unberechenbarkeit erzeugte. Das Impulsive, Störrische, Rechthaberische, Egozentrische des Enkels war der Queen nur zu vertraut. Sie erkannte sich wieder. Gerade

Vier Generationen britischer Herrscher versammeln sich
im Jahre 1900 auf dieser Fotografie: Königin Victoria, Sohn Albert
Edward Prince of Wales, der spätere Edward VII. (rechts), Enkel
George, der spätere George V. (links), sowie Urenkel Edward
von York, der spätere Edward VIII. (vorne rechts).

darum aber war sie nicht bereit, ihm das durchgehen zu lassen, was sie als Charakterschwäche an sich selbst missbilligte.

Wilhelms Respekt wiederum war immerhin so groß, dass er in Momenten der Einsicht ungewohnt selbstironisch und mäßigend zu reagieren vermochte: «Ich wage zu glauben», schrieb er wenige Monate vor Victorias achtzigstem Geburtstag, «dass, wenn die Souveränin dann und wann ihr weises Haupt über die Streiche ihres sonderbaren und ungestümen Kollegen schüttelt, das gute und freundschaftliche Herz meiner Großmutter eingreift und das Kopfschütteln durch ein gütiges Lächeln warmer Zuneigung und herzlichen Interesses abmildert, um zu zeigen, dass er, so er manchmal fehlt, es nie aus Mangel an gutem Willen, Ehrlichkeit oder Wahrhaftigkeit tut.»[136]

Da aber überspannte Naturen auf Ablehnung mit Aggression oder mimosenhafter Verstimmung zu reagieren pflegen, bedurfte es nur eines geringen Anlasses, um den Kaiser zu einer weiteren Überreaktion zu verführen. Als er die Queen zu ihrem achtzigsten Geburtstag mit der Vorführung seiner sieben Kinder beglücken wollte, stieß er auf entschiedene Ablehnung. Die Fruchtbarkeit der Dynastie war bekannt, sie musste nicht durch eine großartige Familienparade demonstriert werden. Um ihre Bequemlichkeit fürchtend verlangte Victoria eine familiär überschaubare Jubelfeier. Pikiert verweigerte Wilhelm daraufhin jegliche Teilnahme, eine Trotzreaktion, die die Queen wiederum zum Kopfschütteln nötigte. Sie genoss die Kundgebungen der Bevölkerung von Windsor und ließ sich abends in der zu einem Theater hergerichteten Waterloo Gallery Wagners Oper «Lohengrin» vorspielen. *Es war einfach bezaubernd. Es ist die herrlichste Komposition, so poetisch, so dramatisch, und, man möchte hinzufügen, so religiös in seinen Gefühlswerten, erfüllt von Traurigkeit, Pathos und Zartheit.*[137]

So gern sich Victoria von Schauspiel- und Opernaufführungen unterhalten ließ – selbst die moralisch skandalöse «Carmen» trieb in Windsors Hallen ihr tödliches Verführungsspiel – und Gesangs- und Instrumentalvirtuosen ersten Ranges zu Gastspielen einlud, die Prosa des Alltags bot wenig Abwechslung. Das Leben war in festgefügte Routine gepackt, die Sicherheit gab und vor Überraschungen schützte. Als Frischluftfanatikerin ließ die Queen regelmäßig morgens und nachmittags zu Ausfahrten anspannen, hielt es aber auch für durchaus gesund und erfrischend, in Balmoral bis Anfang November ohne Kaminfeuer zu residieren. Was Wunder, dass das Gefolge verschnupft war. Von repräsentativen Dinner-Empfängen abgesehen, herrschte bei Hofe gepflegte Langeweile. Die Unterhaltungen bei Tisch wurden im Flüsterton geführt, nur in unmittelbarer Nähe der Queen sprach man in normaler Lautstärke. Die Qualität der Konversation war vom Stimmungsbarometer der Königin abhängig. «War sie mit etwas anderem beschäftigt und schweigsam, war die Stimmung gedrückt und unerfreulich, redete sie aber und machte witzige Bemerkungen, verging die Zeit wie im Fluge.» Nichts als höfisch-routinierter Smalltalk also. Ja, wenn der vollkommene Albert noch leben würde, der hätte Windsor als Musenhof glänzen lassen ... Nie wollte Victorias Scheu vor näherem Kontakt mit der geistigen Welt weichen. Nüchtern notierte ihr Privatsekretär Ponsonby: «In literarischer Hinsicht war der Geschmack der Königin zum Weinen.»[138] So vergingen die Abende bei harmlosen Vergnügungen am Spieltisch. Die Damen legten Patiencen, die Herren versammelten sich zu einer Partie Whist. Glock 23 Uhr zog sich die Majestät in ihre mit Photographien und Erinnerungsstücken vollgestopften Privatgemächer zurück. Endlich durften die Herren zu den diversen Rauchwaren greifen und sich im Billardzimmer einnebeln.

Nach dem Tee zum roten Salon, wo so genannte lebende Bilder gezeigt wurden, einschließlich der Leute, die im September in Balmoral aufgenommen wurden. Es ist ein wunderbares Verfahren, das die Leute in ihren Bewegungen und Aktionen zeigt, als wären sie lebendig.
Königin Victoria über eine Filmvorführung 1896

Der 23. September 1896 schien für keinerlei Jubiläum Anlass zu bieten, und doch wurde die Queen mit Glückwunschtelegrammen überschüttet: Sie hatte den Regierungsrekord ihres Großvaters George III. – 59 Jahre und 96 Tage – eingestellt, im kommenden Juni würde sie seit sechzig Jahren die Krone tragen. Eine magische Zahl, die wie eine Bestandsgarantie imperialer Größe und nationalen Selbstbewusstseins wirkte und die Untertanen erneut in Hochstimmung versetzte. Nur der Wechsel vom Edelmetall zum Edelstein, von Gold zum Diamanten vermochte dem Superlativ dieses Jubiläums gerecht zu werden. Aus allen Teilen des Empire trafen Abordnungen der Kolonialtruppen ein, um die

Königin zu ehren. London präsentierte sich multikulturell als Treffpunkt von Menschen der unterschiedlichsten Rassen, Religionen und Hautfarben. Die Regierung hatte sich mit der Königin darüber verständigt, auf den Besuch der gekrönten Häupter Europas zu verzichten. Keine europäische Familienfeier wie anno 1887, sondern eine Familienfeier des Empire – so der ausdrückliche Wunsch der Monarchin. Am Rande der Festivitäten kamen erstmals die Regierungschefs der Dominions zu einer Konferenz zusammen, ein Ereignis, von dem noch niemand ahnen konnte, dass es die Tradition der späteren Commonwealth-Konferenzen begründen sollte.

Wie zehn Jahre zuvor bildeten auch jetzt die Prozession durch Londons Straßen und der Festgottesdienst den Höhepunkt der Veranstaltungen, nur dass diesmal statt Westminster Abbey die St. Paul's Cathedral gewählt wurde. Aus Rücksicht auf die Gehbehinderung der Jubilarin, aber auch aus Furcht vor allzu großer Hitzeentwicklung in der Kathedrale sollte die Feier draußen am Portal stattfinden. Die Fahrt in der achtspännigen Staatskutsche durch das Spalier der jubelnden Untertanen war *phantastisch und tief berührend. Die Hochrufe waren ohrenbetäubend, und jedes Gesicht schien wirklich Freude auszudrücken.* Ein Reporter beobachtete, wie die Queen immer wieder fest ihre Mundwinkel zusammenpresste, um ihrer Gefühle Herr zu bleiben. *Als wir uns der St. Paul's Cathedral näherten, musste der Festzug oft anhalten, während die Menschen sangen «God save the Queen». [...] Die Szenerie vor der Kathedrale war sehr eindrucksvoll. Alle Kolonialtruppen zu Fuß hatten um den Platz Aufstellung genommen. Meine von allen königlichen Prinzen begleitete Kutsche wurde bis vor die Portalstufen gezogen, wo sich der Klerus versammelt hatte.*[139] Es war der letzte Triumphzug des viktorianischen England, inszeniert auf dem Höhepunkt der britischen Kolonialherrschaft, was im Pathos jener Zeit so formuliert wurde: «Das Empire kam zusammen, um die Mutter des Empire zu ehren und zu segnen.»[140]

Die frenetische Begeisterung des Volkes tat der Seele gut, sie bestätigte noch einmal, was seit dem goldenen Jubiläum keiner Bestätigung mehr bedurfte: Victoria war eine Volkskönigin geworden. Für einen im Grunde scheuen und ängstlichen Menschen, der die Last der Verantwortung stets intensiver empfunden hatte als die Freuden des Lebens, war dies eine ungewöhnliche

1897: Der festliche Aufzug vor St. Paul's Cathedral zur «Familienfeier» des Empire anlässlich des diamantenen Thronjubiläums.
Gemälde von Andrew Carrick Gow, 1897 (Ausschnitt)

Entwicklung. Die alte Victoria personifizierte Beständigkeit in einer Welt des Wandels, weil das Königtum seinerseits Wandlungs-
fähigkeit bewiesen hatte. Dass ausgerechnet die Queen, die sich so
viele Jahre schwer getan hatte, im Leben Halt zu finden, ihrerseits
der Nation Halt, Orientierung und Kontinuität gab, das macht
nicht zuletzt ihre Bedeutung aus.

Victoria hat immer wieder die Einsamkeit ihrer Witwenjahre
beklagt. Niemand vermochte den geliebten Gatten zu ersetzen,
auch die Kinder konnten als ebenbürtige Partner nicht bestehen,
Vicky im fernen Berlin ausgenommen. Dennoch war die Großfa-
milie mehr als eine dynastische Interessengemeinschaft. Sie vermittelte ein Zusammengehörigkeitsgefühl, aus der das Oberhaupt
mehr Kraft schöpfte, als es selbst ahnte. Umso intensiver erlebte

die Queen die Verluste in den Jahren ihres Lebensabends. Schon viele, allzu viele Namen, oft an Jahren jünger als sie, waren im Familienepitaph verzeichnet: neben der Mutter, Onkel Leopold und den Stiefgeschwistern Tochter Alice und Sohn Leopold, der Bluter, aber auch schon sechs Enkel. Weitere Enkel und drei Schwiegersöhne, darunter Kaiser Friedrich III., sollten folgen. Schließlich musste Victoria ein halbes Jahr vor ihrem eigenen Tod noch ihren Sohn Alfred, der seit 1893 das Herzogtum Sachsen-Coburg-Gotha regiert hatte, zu Grabe tragen. Es sei bitter, so klagte sie, mit 81 Jahren das dritte erwachsene Kind verlieren zu müssen. Doch: *Ich bitte Gott um Hilfe, es zu ertragen, ich vertraue auf ihn, der mich nie im Stich gelassen hat.*[141] So schmerzlich der Verlust von Angehörigen war, ihre persönlichen Glaubenskämpfe, ihren Hader mit Gott hatte sie in der Trauerekstase um Albert ausgetragen. So hatte sie gelernt, gelassener und abgeklärter zu reagieren – Witwen und Eltern Trost spendend und in der festen Überzeugung lebend, dass sie im Jenseits mit ihren Angehörigen wieder vereint werde.

Immer noch saß die Königin über ihren Akten, kontrollierte die Beschlüsse der Regierung, formulierte Zustimmung, Einwände und Ablehnungen, unterzeichnete Dekrete ohne Zahl. Lediglich Dokumente minderer Bedeutung wurden jetzt nach Vortrag mündlich genehmigt. Ihre zähe, im Alter noch erstaunlich leistungsfähige Konstitution wurde allenfalls von rheumatischen Beschwerden und Lärmempfindlichkeit belästigt, während die Benutzung des Rollstuhls längst zur Gewohnheit geworden war. In den letzten drei Lebensjahren machte eine fortschreitende Augenschwäche, der graue Star, Lesen und Schreiben zwar immer mühsamer, die geistige Vitalität indessen blieb beachtlich.

Trotzdem kam der einsame Entschluss, Irland nach 39 Jahren noch einmal zu besuchen, völlig überraschend. Niemand wäre auf die Idee verfallen, der Einundachtzigjährigen die Strapazen einer solchen Reise zuzumuten. Dass sie sie dennoch auf sich nahm, beweist einmal mehr, wie wenig sie zur Selbstzufriedenheit neigte. Victoria spürte instinktiv, dass weder Glanz noch Gloria des Imperiums den ständig schwelenden Irland-Konflikt zu überdecken vermochten. Home Rule war gescheitert, der unwürdige interne Kolonialstatus der grünen Insel unbewältigt. War nicht zu fürchten, dass die Separatisten den Burenkrieg für einen neuerlichen

Aufstand nutzen würden? Es war schließlich nicht zu übersehen, dass eine irische Brigade, die an der Seite der Buren gegen das Vereinigte Königreich kämpfte, auf die regulären irischen Regimenter unter britischem Oberbefehl und damit auf die eigenen Landsleute schoss – eine Tragödie, die einmal mehr demonstrierte, zu welcher Selbstzerfleischung diese Nation fähig ist. Damit aber wurde auch die Krise des irischen Nationalismus deutlich, der derzeit offensichtlich nicht in der Lage war, seine Stoßkraft zu konzentrieren – eine Schwäche, die im April 1900 auf einen ungestörten Verlauf des hohen Besuchs hoffen ließ.

Diese Hoffnung wurde nicht nur eingelöst; sie verwandelte sich in einen grandiosen Erfolg, denn die Königin verstand es, mit dieser Visite ein Zeichen zu setzen. Sie würdigte die Treue und Tapferkeit der irischen Truppen beim Einsatz in Südafrika und überraschte ihre Untertanen mit der Ankündigung, endlich auch ein irisches Bataillon als Leibwache aufstellen zu lassen. Enthusiasmus allerorten. *Sogar die Nationalisten [...] schienen ihre Politik vergessen zu haben und ließen mich hochleben und schwenkten ihre Hüte.*[142] Während die Queen mit ihren beiden Töchtern Helene und Beatrice ohne bewaffneten Schutz durch die Straßen Dublins kutschierte und den Jubel ihrer Irländer genoss, wurde im Bahnhof von Brüssel auf den Prince of Wales ein Attentat verübt, glücklicherweise ohne Erfolg. Massenjubel für die Queen, zerstörerische Aggression gegen den Sohn – es war die ins Persönliche gewendete Projektion extremer Gefühlswelten, in denen sich die Zerrissenheit der Politik spiegelte.

So erfolgreich der Irland-Besuch gewesen war, die Anstrengungen der dreiwöchigen Reise hatten die Gesundheit der Königin ernstlich angegriffen. Im Sommer machten sich erstmals geistige Ausfallerscheinungen bemerkbar – Beginn eines körperlichen Verfalls, der sich in den nächsten Monaten ausweitete, ohne dass man ihn mit einem konkreten Krankheitsbild hätte in Verbindung bringen können. Allgemeine Schwäche, Appetitlosigkeit, Schlaflosigkeit nachts, bleierne Müdigkeit am Tage. Die Notate des Tagebuchs wurden zu Variationen des immer gleichen Themas: *Hatte keine gute Nacht, war sehr ruhelos, und jede Arznei, die ausprobiert wurde, um mich schlafen zu lassen, war vergebens. Als ich endlich aufstehen wollte, fiel ich wieder in Schlaf, was zu ärgerlich*

war.[143] Ihr letzter öffentlicher Auftritt galt dem Besuch einer irischen Industrieausstellung in Windsor. Was sie aber nicht zur Ruhe kommen ließ, war der Burenkrieg. Immer wieder verlangte sie
nach Informationen, ließ sich berichten und vorlesen. Im Hof von
Windsor kam es zu einer letzten Demonstration ihrer Verbunden-
heit mit dem Militär, als sie sich einer Abordnung von Verletzten
und einem kanadischen Truppenkontingent zeigte.

Auch in Osborne, wohin sie zum Jahreswechsel übersiedelt
war, versuchte sie angestrengt, die Routine des Tagesablaufs auf-
rechtzuerhalten. Sie zwang sich zu Ausfahrten, sie zwang sich zur
Arbeit, sie zwang ihre Willenskraft. Zwei Audienzen beschäftig-
ten sie noch einmal mit dem Burenkrieg. Kolonialminister Joseph
Chamberlain erläuterte die Kriegspolitik der Regierung; Lord
Roberts, ein Militär, berichtete über seinen siegreichen Feldzug.
Dann brach Victoria zusammen. Es war der 14. Januar. Wieder ein
Vierzehnter: wie bei Alberts und Alices Tod und bei Berties Gene-
sung. Die Seiten des Tagebuchs blieben leer.

Die Ärzte beruhigten Verwandte und Hof und wussten doch,
dass Sprachstörungen, geistige Verwirrung und zeitweise Be-
wusstlosigkeit keine Hoffnung mehr zuließen. Prinz Arthur, der
in Berlin weilte, um Großbritannien bei den Feiern zum 200. Jahrestag des Königreichs Preußen zu vertreten, eilte in Begleitung
Kaiser Wilhelms II. nach Osborne, wo sich die Familie um das Ster-
belager versammelt hatte. Am 20. Januar informierte ein erstes
ärztliches Bulletin die Öffentlichkeit. Seit dem Vortage verweigerte die Kranke jede Nahrung. Ein Todeskampf blieb Victoria erspart, sie verdämmerte allmählich, von den Gebeten der Geist-
lichen begleitet. Ob ihr langes, wechselreiches Leben noch einmal
an ihr vorüberzog? Am 22. Januar gegen vier Uhr nachmittags
meldete ein zweites Bulletin das nahende Ende. Kinder und Enkel
riefen laut Victorias Namen, so als wollten sie ein Echo erzwingen.
Wilhelm, der deutsche Enkel, stützte den Kopf mit Kissen, bis
gegen halb sieben Uhr abends das Herz der Bewusstlosen den
Dienst versagte. Königin Victoria trat den so lange ersehnten
Heimweg zu ihrem geliebten Albert an.

Die Untertanen blieben in ihrer Trauer verstört zurück. War
ein Leben ohne diese kleine, runde, ewig mürrisch dreinblickende
Witwe auf dem Thron überhaupt denkbar? Ließ sich die Witwen-

Gesäumt von 29 000 Soldaten zu Fuß sowie 3000 berittenen in Londons Straßen, zog der Trauerkondukt zum Bahnhof Paddington, von wo aus die verewigte «Mutter des Empire» zur Totenmesse nach Windsor überführt wurde. Am 4. Februar 1901 wurde sie im Mausoleum von Frogmore neben Prinzgemahl Albert beigesetzt.

haube, die längst zum eigentlichen Symbol dieses Königtums geworden war, durch die Krone jemals wieder wirklich ersetzen? Für die meisten waren Monarchie und Victoria so identisch, dass sie keinerlei Erinnerung mit einer anderen Herrschergestalt verbinden konnten. Um es im Pathos der Zeit zu sagen: Das Empire hatte seine Mutter verloren. Wenn sich aber Größe und Macht, Reichtum und Sicherheit eines Reiches in der Persönlichkeit eines einzigen Menschen symbolhaft fokussieren (unabhängig davon, was er persönlich dazu beigetragen hat), dann setzt der Verlust dieses Menschen Ängste frei und erzeugt ein diffuses Gefühl der Unsicherheit, das sich nicht konkretisieren lässt. Die historische Zäsur ist spürbar, aber nicht benennbar. Nicht anders erging es den Briten anno 1901. Man trug nicht nur Victoria, die Königin, zu Grabe – mit aller rigorosen Prachtentfaltung natürlich, deren eine Weltmacht fähig ist –, sondern auch eine Epoche. Und so folgte dem Tod die Verklärung, weil sich nur so diese Epoche zum goldenen Zeitalter stilisieren ließ.

Anmerkungen

Es werden folgende Siglen
verwendet:

Benson, Arthur Christopher/Viscount Esher (Hg.): The Letters of
Queen Victoria. A Selection from
Her Majesty's Correspondence between the Years 1837 and 1861.
1. Serie

LV I/1 Vol. 1: 1837–1843. London
1908

LV I/2 Vol. 2: 1844–1853. London
1908

LV I/3 Vol. 3: 1854–1861. London
1908

Buckle, George Earl (Hg.): The
Letters of Queen Victoria. A Selection from Her Majesty's Correspondence between the Years 1862 and
1885. 2. Serie

LV II/1 Vol. 1: 1862–1869. London
1926

LV II/2 Vol. 2: 1870–1878. London
1926

LV II/3 Vol. 3: 1879–1885. London
1926

Hi Hibbert, Christopher: Queen
Victoria in her Letters and Journals.
London 1984

Tb Lord Esher (Hg.): Königin Victorias Tagebuch. Aus der Mädchenzeit. Berlin 1913

PA Jagow, Kurt (Hg.): Prinzgemahl
Albert. Ein Leben am Throne. Eigenhändige Briefe und Aufzeichnungen 1831–1861. Berlin 1937

1 «Ich bin ein römischer Bürger.» –
In der Rechtsschutzgarantie, die
dieser Satz zum Ausdruck bringt,
spiegelt sich der Universalismus
des römischen Weltreichs. Außenminister Palmerston zitierte ihn in
seiner Verteidigungsrede am 25. Juni 1850, als er sich vor dem Parlament dafür rechtfertigen musste,
dass er zur Durchsetzung der materiellen Wiedergutmachungsansprüche eines britischen Staatsbürgers gegen die griechische Regierung die Flotte vor Athen auffahren
ließ und eine Blockade verhängte
(Don-Pacifico-Rede).

2 Religiöse Dissenters («Andersgläubige») – Gruppierungen wie
Quäker, Presbyterianer und Kongregationalisten, die 1622 die Uniformitätsakte abgelehnt und sich von
der englischen Staatskirche getrennt hatten

3 Oscar Wilde: Aphorismen. Frankfurt a. M. 1987, S. 46

4 John Stuart Mill: Über Freiheit.
Frankfurt a. M. 1987, S. 18

5 Stockmar: Denkwürdigkeiten aus
den Papieren des Freiherrn Christian Friedrich von Stockmar, zusammengestellt von Ernst Freiherr von
Stockmar. Braunschweig 1872,
S. 114

6 Zit. bei Elizabeth Longford: Victoria. Oldenburg–Hamburg 1966,
S. 23

7 Wilfried Rogasch (Hg.): Victoria &
Albert – Vicky & The Kaiser. Ausstellungskatalog 1997, S. 14

8 The Greville Memoirs 1814–1860.
Hg. von Lytton Strachey und Roger
Fulford. London 1938. Vol. 1, S. 293

9 LV I/1, S. 74

10 Tb, S. 11

11 The Greville Memoirs, Vol. 3,
S. 400

12 Tb, S. 15

13 Tb, S. 263 f.

14 Tb, S. 240

15 LV II/1, S. 584

16 LV I/1, S. 159

17 Tb, S. 417

18 The Greville Memoirs, Vol. 4,
S. 217

19 Tb, S. 406

20 LV I/1, S. 49

21 PA, S. 42

22 Tb, S. 495

23 LV I/1, S. 191

24 LV I/1, S. 188

25 PA, S. 41

26 PA, S. 67

27 Johann Wolfgang von Goethe:

Werke. Band 1: Gedichte und Epen
1. Hamburger Ausgabe. München
[12]1981, S. 179
28 Tb, S. 534
29 LV I/3, S. 433
30 PA, S. 441
31 PA, S. 441
32 PA, S. 206
33 Thomas Mann: Königliche Hoheit. Frankfurter Ausgabe. Frankfurt a. M. 1984, S. 368
34 LV I/2, S. 192
35 LV II/2, S. 64
36 LV I/1, S. 321
37 LV I/1, S. 280
38 LV I/1, S. 305
39 LV I/1, S. 306
40 LV I/1, S. 311
41 LV I/1, S. 473
42 Walter Baghot: Die englische Verfassung. Neuwied–Berlin 1971, S. 97
43 PA, S. 244
44 LV I/2, S. 367
45 LV I/1, S. 213
46 LV I/2, S. 174
47 LV I/2, S. 192
48 PA, S. 446
49 LV I/2, S. 240
50 LV I/2, S. 317 f.
51 Zit. bei Hans-Joachim Netzer: Ein deutscher Prinz in England. München 1992, S. 266
52 Kurt Jagow (Hg.): Ein Frauenleben unter der Krone. Berlin 1936, S. 86 f.
53 Roger Fulford (Hg.): Dearest Child. London 1964, S. 215
54 LV I/2, S. 280
55 LV II/3, S. 177
56 Jagow, a.a.O., S. 193
57 PA, S. 280
58 Jagow, a.a.O., S. 217 f.
59 LV I/2, S. 5
60 LV I/2, S. 36
61 LV II/1, S. 269
62 Longford, a.a.O., S. 529
63 Fulford: Dearest Child, S. 205
64 Roger Fulford: Your Dear Letter. London 1971, S. 18
65 Jagow, a.a.O., S. 202

66 Wotans-Kind: geistig-emotionale Sublimierung einer engen Vater-Tochter-Beziehung, so wie sie in Wagners Oper «Die Walküre» zwischen Göttervater Wotan und der Walkürentochter Brünnhilde zum Ausdruck kommt.
67 Fulford: Dearest Child, S. 187
68 Fulford: Dearest Child, S. 187
69 LV I/2, S. 279
70 LV I/2, S. 353
71 PA, S. 245
72 LV I/2, S. 343
73 LV I/2, S. 353
74 Robert Blake: Prince Albert and the Crimean War. In: Viktorianisches England in deutscher Perspektive. Hg. von Adolf M. Birke und Kurt Kluxen. München 1983, S. 23
75 Blake, a.a.O., S. 24
76 LV I/3, S. 352
77 Baghot, a.a.O., S. 82
78 LV I/3, S. 101
79 LV I/3, S. 215
80 LV I/3, S. 187
81 LV I/3, S. 264
82 PA, S. 367 f.
83 PA, S. 425
84 LV I/3, S. 471
85 Zit. bei Karl Heinz Wocker: Königin Victoria. Düsseldorf 1978, S. 296
86 LV I/3, S. 473 f.
87 Zit. bei David Cannadine: Die Erfindung der britischen Monarchie 1820–1994. Berlin 1994, S. 20
88 LV II/1, S. 279
89 LV II/1, S. 255
90 Vgl. Pressemeldung in der «Süddeutschen Zeitung» vom 29. Dezember 1998
91 LV II/1, S. 366
92 Fulford: Your Dear Letter, S. 287
93 LV II/1, S. 632
94 LV II/1, S. 592
95 PA, S. 415
96 LV II/3, S. 131
97 LV II/1, S. 538
98 LV II/1, S. 542
99 LV II/2, S. 195
100 Feenkönigin: bezieht sich auf

das Versepos «The Faerie Queen»
von Edmund Spenser (um
1522–1599) zur Verherrlichung
von Königin Elizabeth I.

101 LV II / 2, S. 451
102 LV II / 2, S. 361
103 LV II / 3, S. 43
104 LV II / 3, S. 37 f.
105 LV II / 2, S. 650 f.
106 LV II / 2, S. 548
107 LV II / 2, S. 569 f.
108 LV II / 2, S. 538
109 Zit. bei Longford, a. a. O., S. 370
110 LV II / 3, S. 48
111 LV II / 3, S. 75
112 LV II / 3, S. 143
113 LV II / 3, S. 210
114 LV II / 3, S. 713
115 LV II / 3, S. 548
116 LV II / 3, S. 548
117 LV II / 3, S. 494
118 LV II / 3, S. 488
119 LV II / 3, S. 597
120 LV II / 3, S. 298
121 LV II / 3, S. 298
122 LV II / 1, S. 514
123 LV II / 2, S. 137
124 LV II / 3, S. 117
125 LV II / 3, S. 232
126 Hi, S. 296
127 Hi, S. 324
128 Hi, S. 299
129 Baghot, a. a. O., S. 77
130 Zit. bei Longford, a. a. O., S. 23
131 Hi, S. 304
132 Hi, S. 309
133 Kaiser Wilhelm II. sandte am
3. Januar 1896 ein demonstratives
Glückwunschtelegramm an Ohm
Krüger, den Präsidenten des südafrikanischen Transvaal, nachdem
die Buren einen Überfall von 800
britischen Freischärlern unter
Führung von Dr. Jameson erfolgreich abgewehrt hatten. London
beeilte sich, den Coup offiziell zu
missbilligen. Die deutsch-briti-
schen Beziehungen wurden durch
diese Krüger-Depesche nachhaltig
belastet.
134 Kaiser Wilhelm II.: Aus meinem
Leben 1859–1888. Berlin–Leipzig
[6]1927, S. 72
135 Hi, S. 337
136 Zit. bei Alan Palmer: Gekrönte
Vettern. Düsseldorf 1989, S. 274 f.
137 Hi, S. 338
138 Sir Frederick Ponsonby: Im
Dienste der großen Queen. Jugenheim 1961, S. 36 und S. 99
139 Hi, S. 335 f.
140 Peter Walton: A Celebration of
Empire. Staplehurst 1997, S. 28
141 Hi, S. 346
142 Hi, S. 343
143 Hi, S. 348

1819   24. Mai: Geburt der Prinzessin Victoria Alexandrina in Kensington Palace als Tochter des Prinzen Edward, Herzog von Kent, und der Prinzessin Viktoria Marie Louise von Sachsen-Coburg-Saalfeld – 26. August: Geburt des Prinzen Albert Franz August Karl Emanuel von Sachsen-Coburg-Gotha in Schloss Rosenau bei Coburg als Sohn des Herzogs Ernst I. von Sachsen-Coburg-Saalfeld und der Prinzessin Luise von Sachsen-Gotha-Altenburg

1820   Tod Edwards, Herzog von Kent, und König Georges III. – Thronbesteigung Georges IV.

1830   Tod König Georges IV. – Thronbesteigung Williams IV.

1832   Erste Wahlrechtsreform

1833   Abschaffung der Sklaverei im Empire

1836   Mai–Juni: Alberts erster Besuch in England

1837   Tod König Williams IV. – 20. Juni: Victorias Thronbesteigung als Königin von Großbritannien und Irland – zweites Kabinett Melbourne (Whig) bleibt im Amt

1838   28. Juni: Victorias Krönung – Beginn der Chartistenbewegung

1839   Drittes Kabinett Melbourne – Flora-Hastings-Affäre – Hofdamenaffäre – Oktober: Alberts zweiter Besuch in England – 15. Oktober: Victorias Heiratsantrag (Verlobung)

1840   10. Februar: Vermählung Königin Victorias mit ihrem Vetter Prinz Albert von Sachsen-Coburg-Gotha – erstes Attentat – Geburt der Princess Royal Viktoria

1841   Kabinett Peel (Tory) – Geburt des Prince of Wales Albert Edward

1842   Zweites und drittes Attentat

1843   Geburt der Prinzessin Alice

1844   Geburt des Prinzen Alfred, Herzog von Edinburgh

1845   Beginn der Hungersnöte in Irland – Deutschland-Reise

1846   Abschaffung der Kornzölle – Abspaltung der Peeliten von den Tories – erstes Kabinett Lord John Russell (Whig) – Geburt der Prinzessin Helene

1848   Chartistenaufstand – Geburt der Prinzessin Luise – Melbournes Tod – Revolutionen in Europa

1849   Irland-Reise – viertes Attentat

1850   Geburt des Prinzen Arthur, Herzog von Connaught – fünftes Attentat – Peels Tod

1851   Mai – Oktober: Erste Weltausstellung von London – Palmerstons Sturz als Außenminister

1852   Erstes Kabinett Lord Derby (Tory) – Koalitionskabinett Lord Aberdeen

1853   Geburt des Prinzen Leopold, Herzog von Albany

1854   Ausweitung der militärischen Auseinandersetzungen zwischen Russland und der Türkei zum Krimkrieg

1855   Erstes Kabinett Lord Palmerston (Whig) – England-Besuch Kaiser Napoleons III. – Frankreich-Besuch des Königspaars (Begegnung mit Bismarck)

1856   Ende des Krimkriegs mit dem Frieden von Paris

1857   Albert erhält den offiziellen Titel eines Prince Consort (Prinzgemahl) – Aufstand in Indien – Geburt der Prinzessin Beatrice

1858   Heirat der Princess Royale Victoria und des Prinzen Friedrich Wilhelm von Preußen – zweites Kabinett Derby (Tory) – Auflösung der Ost-Indien-Gesellschaft und Übertragung der Regierungsgewalt auf einen Vizekönig von Indien

1859   Geburt des ersten Enkels (sp. Kaiser Wilhelm II.) – zweites Kabinett Palmerston (Whig)

1861 Tod der Herzogin von Kent – 14. Dezember: Tod des Prinzgemahls Albert – Victorias Rückzug aus der Öffentlichkeit

1863 Vermählung des Prince of Wales mit Prinzessin Alexandra von Dänemark

1864 Deutsch-Dänischer Krieg

1865 Tod Palmerstons und König Leopolds I. von Belgien – zweites Kabinett Russell (Whig)

1866 Drittes Kabinett Derby (Tory) – Deutscher Krieg

1867 Zweite Wahlrechtsreform – Veröffentlichung von Walter Baghots «Die englische Verfassung»

1868 Erstes Kabinett Disraeli (konservativ) – erstes Kabinett Gladstone (liberal)

1869 Eröffnung des Suezkanals

1870 Deutsch-Französischer Krieg – starke republikanische Strömungen – Einführung des obligatorischen Elementarunterrichts – Erster irischer Land-Act

1871 Schwere Erkrankung des Prince of Wales – Abschaffung des Kaufs von Offizierspatenten

1872 Sechstes Attentat – Gesetz zur geheimen Wahl

1874 Zweites Kabinett Disraeli (konservativ)

1875 Reise des Prince of Wales nach Indien – Ankauf von Suezkanal-Aktien

1876 Balkankrise: Massaker in Bulgarien – Türkisch-Russischer Krieg

1877 1. Januar: Königin Victorias offizielle Inauguration als «Kaiserin von Indien»

1878 Tod der Prinzessin Alice – Berliner Kongress – Krieg in Afghanistan

1879 Krieg in Zululand

1880 Zweites Kabinett Gladstone (liberal) – Burenaufstand

1881 Disraelis Tod – Zweiter irischer Land-Act – Anerkennung der Unabhängigkeit von Transvaal

1882 Siebtes Attentat – fortgesetzte Unruhen in Irland – Besetzung Ägyptens

1883 Tod John Browns

1884 Dritte Wahlrechtsreform – Belagerung Khartums durch Mahdi-Truppen – Tod Prinz Leopolds

1885 General Gordons Tod in Khartum – erstes Kabinett Lord Salisbury (konservativ)

1886 Drittes Kabinett Gladstone – Scheitern des ersten Home-Rule-Gesetzes – Spaltung der Liberalen – zweites Kabinett Salisbury (konservativ)

1887 Goldenes Thronjubiläum

1888 Tod Kaiser Friedrichs III. – Thronbesteigung Kaiser Wilhelms II.

1892 Viertes Kabinett Gladstone (liberal) – Tod des Thronfolger-Enkels Edward

1893 Scheitern des zweiten Home-Rule-Gesetzes – weitere Unruhen in Irland – Tod Herzog Ernsts II. von Sachsen-Coburg-Gotha (Alberts Bruder); Nachfolger: Prinz Alfred, Herzog von Edinburgh

1894 Gladstones Rücktritt – Kabinett Lord Rosebery (liberal)

1895 Drittes Kabinett Salisbury (konservativ)

1896 Jameson-Überfall auf Transvaal, Krüger-Depesche Kaiser Wilhelms II.

1897 Diamantenes Thronjubiläum

1898 Gladstones Tod

1899 Beginn des Burenkriegs

1900 Tod Herzog Alfreds von Sachsen-Coburg-Gotha – Irland-Reise

1901 22. Januar: Königin Victoria stirbt in Osborne House – 4. Februar: Beisetzung im Mausoleum von Frogmore – Thronbesteigung des Prince of Wales als König Edward VII.

Zeugnisse

König William IV.

Ich weiß, welchen Anteil die Öffentlichkeit an ihr nimmt. Und obwohl ich von ihr nicht so viel gehabt habe, wie es wünschenswert gewesen wäre, nehme ich nicht weniger Anteil, und je öfter ich sie sehe, öffentlich und privat, desto mehr freue ich mich.
The Greville Memoirs. London 1938. Vol. 3, S. 306

Thomas Carlyle

Arme, kleine Königin. Sie ist in einem Alter, da man einem Mädchen kaum zutraut, sich allein einen Hut kaufen zu können, und soll nun eine Aufgabe bewältigen, vor der ein Erzengel zurückschrecken würde.
Zit. bei Elizabeth Longford: Victoria. Oldenburg-Hamburg 1966, S. 104

Benjamin Disraeli

Vielleicht ist es verfassungswidrig, wenn ein Minister bei seiner Herrscherin Rat sucht, statt ihn seinerseits anzubieten; doch Eure Majestät hat manchmal geruht, Mr. Disraeli mit Ratschlägen zu unterstützen, was ihn hoffen lässt, offen, doch in aller Bescheidenheit aussprechen zu dürfen, dass es Euer Majestät gewiss bekannt ist, wie hoch Mr. Disraeli die Urteilskraft und nahezu einzigartige politische Erfahrung Eurer Majestät einschätzt.
George Earl Buckle (Hg.): The Letters of Queen Victoria. London 1926. 2. Serie, Vol. 2, S. 378

Kaiser Wilhelm II. über das goldene Thronjubiläum

Gewaltig war der Eindruck am Jubiläumstage, als die Königin im offenen Wagen, eskortiert von der Gardekavallerie und einer Ehrenwache indischer Reiter, durch die in einen Fahnenwald verwandelten, mit Girlanden und Teppichen über und über geschmückten Straßen Londons vom Buckingham Palace nach Westminster Abbey fuhr. Brausender, nicht endenwollender Jubel ihrer aus ganz England und aus allen Teilen des großen britischen Weltreichs zusammengeströmten Untertanen grüßten die Königin. Vor ihrem Wagen ritten wir, ihre Söhne, ihre Enkel, die Gatten von Enkelinnen und ihre Schwiegersöhne, im ganzen 32 Fürsten. [...] Tief ergreifend war der Gottesdienst in der wundervollen Westminster Abbey, bei der der ganze Pomp der anglikanischen Kirche entfaltet wurde. [...] Dieser Tag gab uns allen einen überwältigenden Eindruck von der Macht und Ausdehnung des Britischen Imperiums.
Aus meinem Leben 1859–1888. Berlin–Leipzig 1927, S. 262

Sir Frederick Ponsonby

Das Geheimnis der einzigartigen Position Queen Victorias bestand darin, dass sie die Personifikation der gerühmtesten Tugenden ihrer Zeit darstellte. Sie war infolge ihrer mannigfachen verwandtschaftlichen Beziehungen sozusagen die Mutter Europas, und ihr Einfluss machte sich in nahezu sämtlichen europäischen Staaten bemerkbar. Allein die Tatsache, dass sie während ihrer langen Regierungszeit mit Premierministern und Staatsmännern jeglicher Richtung politische Probleme erörtert hatte, verlieh ihr in ihren letzten Jahren eine ungeheure Überlegenheit, ganz abgesehen davon, dass sie – während Regierungen kamen und gingen – an der Spitze des Staates verblieb und darauf bestand, nicht nur über die innerenglischen, sondern auch über die auswärtigen oder Dominions-Angelegenheiten gründlichst informiert zu werden.
Im Dienste der großen Queen. Jugenheim 1961, S. 9

Lytton Strachey

Die letzten Jahre waren Jahre der Apotheose. In den geblendeten Augen ihrer Untertanen schwebte Victoria, von einem Nimbus lauterster Verklärung umgeben, in göttlichen Regionen. Kritik blieb stumm; Unzulänglichkeiten, die zwanzig Jahre früher allgemein zugegeben worden wären, wurden jetzt ebenso allgemein übersehen. Dass dieses nationale Idol nur eine sehr unvollkommene Repräsentation der Nation war, war ein Umstand, der kaum bemerkt wurde; und doch war es offensichtlich so.

Queen Victoria. Frankfurt/Main 1991, S. 255

Karl Heinz Wocker

Eine Demokratin wollte Victoria nicht sein, lieber hätte sie abgedankt, als ihr Herrscheramt einem Plebiszit oder Parlamentsabstimmungen verdanken zu müssen. Ihr idealer Staat war vertikal gegliedert, mit einer verantwortungsbewussten Krone an der Spitze, und nicht an der Elle einer von irgendwem bestimmten Gleichheit ausgerichtet. An deren Vorzüge hätte ihr Sinn für Fairness gern geglaubt, doch dagegen stand ihre Überzeugung, allein das praktisch Machbare sei vernünftig.

Königin Victoria. Düsseldorf 1978, S. 462

BIBLIOGRAPHIE

1. Briefe und Tagebücher

Benson, Arthur Christopher/Viscount Esher (Hg.): The Letters of Queen Victoria. A Selection from Her Majesty's Corrspondence between the Years 1837 and 1861.
1. Serie
Vol. 1: 1837–1843. London 1908
Vol. 2: 1844–1853. London 1908
Vol. 3: 1854–1861. London 1908
Buckle, George Earl (Hg.): The Letters of Queen Victoria. A Selection from Her Majesty's Correspondence and Journal between the Years 1862 and 1885.
2. Serie
Vol. 1: 1862–1869. London 1926
Vol. 2: 1870–1878. London 1926
Vol. 3: 1879–1885. London 1928
Buckle, George Earl (Hg.): The Letters of Queen Victoria. A Selection from Her Majesty's Correspondence and Journal between the Years 1886 and 1901.
3. Serie
Vol. 1: 1886–1890. London 1930
Vol. 2: 1891–1895. London 1931
Vol. 3: 1896–1901. London 1932
Benson, A. C. und Lord Esher (Hg.): Königin Victorias Briefwechsel und Tagebuchblätter. Band I: 1821–1849. Band II: 1850–1861. Berlin 1908
Buckle, George Earl (Hg.): Königin Victorias Briefwechsel und Tagebuchblätter. Band III 1. Teil: 1862–1869. Berlin 1926
Buckle, George Earl (Hg.): Königin Victorias Briefwechsel und Tagebuchblätter. Band III 2. Teil: 1870–1878. Berlin 1926
Buckle, George Earl (Hg.): Königin Victorias Briefwechsel und Tagebuchblätter während der Jahre 1879 bis 1885. Berlin 1929

Lord Esher (Hg.): Königin Victorias Tagebuch. Aus der Mädchenzeit. Berlin 1913
Fulford, Roger (Hg.): Dearest Child. Private Corespondence of Queen Victoria and the Crown Princess of Prussia 1858–1861. London 1964
Fulford, Roger (Hg.): Dearest Mama. Private Correspondence of Queen Victoria and the Crown Princess of Prussia 1861–1864. London 1968
Fulford, Roger (Hg.): Your Dear Letter. Private Correspondence of Queen Victoria and the Crown Princess of Prussia 1865–1871. London 1971
Fulford, Roger (Hg.): Darling Child. Private Correspondence of Queen Victoria and the Crown Princess of Prussia 1871–1878. London 1976
The Greville Memoirs 1814–1860. Hg. von Lytton Strachey und Roger Fulford. 8 Vol. London 1938
Hibbert, Christopher: Queen Victoria in her Letters and Journals. London 1984
Jagow, Kurt (Hg.): Ein Frauenleben unter der Krone. Eigenhändige Briefe und Tagebuchblätter 1834–1901. Berlin 1936
Jagow, Kurt (Hg.): Prinzgemahl Albert. Ein Leben am Throne. Eigenhändige Briefe und Aufzeichnungen 1831–1861. Berlin 1937
Ponsonby, Sir Frederick (Hg.): Briefe der Kaiserin Friedrich. Berlin 1929
Stockmar: Denkwürdigkeiten aus den Papieren des Freiherrn Christian Friedrich von Stockmar, zusammengestellt von Ernst Freiherr von Stockmar. Braunschweig 1872

2. Darstellungen

Baghot, Walter: Die englische Verfassung. Neuwied–Berlin 1971
Birke, Adolf M., und **Kurt Kluxen** (Hg.): Viktorianisches England in deutscher Perspektive. München 1983

156

Birke, Adolf M., und Kurt Kluxen (Hg.): Deutscher und britischer Parlamentarismus. München 1985

Blake, Robert: Disraeli. Eine Biographie aus victorianischer Zeit. Frankfurt a. M. 1980

Cannadine, David: Die Erfindung der britischen Monarchie 1820–1994. Berlin 1994

Cannon, John, und Ralph Griffiths: The Oxford Illustrated History of the British Monarchy. Oxford 51997

Chastenet, Jacques: Victoria und ihr Zeitalter. Graz 1959

Evans, Joan: The Victorians. London 1966

Craemer, Rudolf: Gladstone als christlicher Staatsmann. Berlin–Leipzig 1930

Fulford, Roger: The Prince Consort. London 1949

Gardiner, Juliet: Queen Victoria. London 1997

Gauland, Alexander: Das Haus Windsor. Berlin 1996

Kluxen, Kurt: Geschichte Englands. Von den Anfängen bis zur Gegenwart. Stuttgart 41991

Longford, Elizabeth: Victoria. Königin und Kaiserin. Oldenburg–Hamburg 1966

Maurer, Michael: Kleine Geschichte Irlands. Stuttgart 1998

Maurois, André: Die Geschichte Englands. Zürich 1953

Mayhew, Henry: Die Armen von London. Frankfurt a. M. 1996

Netzer, Hans-Joachim: Ein deutscher Prinz in England. Albert von Sachsen-Coburg und Gotha, Gemahl der Königin Victoria. München 1992

Niedhart, Gottffried: Geschichte Englands im 19. und 20. Jahrhundert. München 1987

Nuscheler, Franz: Walter Baghot und die englische Verfassungstheorie. Geschichte eines klassischen Modells parlamentarischer Regierung. Meisenheim am Glan 1969

Palmer, Alan: Gekrönte Vettern. Deutscher Adel auf Englands Thron. Düsseldorf 1989

Ponsonby, Sir Frederick: Im Dienste der großen Queen. Aus den Erinnerungen ihres Privatsekretärs. Jugenheim 1961

Rogasch, Wilfried (Hg.): Victoria & Albert – Vicky & The Kaiser. Ein Kapitel deutsch-englischer Familiengeschichte. Ausstellungskatalog Berlin 1997

Rooke, Patrick: Gladstone and Disraeli. London 1970

Schwanitz, Dietrich: Englische Kulturgeschichte von 1500 bis 1914. Frankfurt a. M. 1996

Sitwell, Edith: Queen Victoria. Frankfurt a. M. 1986

Starkmann, Alfred: Queen Victoria. In: Die Großen der Weltgeschichte. Band 8. Hg. von Kurt Fassmann. Zürich 1977

Strachey, Lytton: Queen Victoria. Frankfurt a. M. 1991

Tingsten, Herbert: Königin Viktoria und ihre Zeit. München 1975

Walton, Peter: A Celebration of Empire. A Centenary Souvenir of the Diamond Jubilee of Queen Victoria. Staplehurst 1997

Weintraub, Stanley: Queen Victoria. Eine Biographie. Solothurn–Düsseldorf 31994

Wende, Peter (Hg.): Englische Könige und Königinnen. Von Heinrich VII. bis Elisabeth II. München 1998

Wocker, Karl Heinz: Königin Victoria. Eine Biographie. Düsseldorf 1978

NAMENREGISTER

Die kursiv gesetzten Zahlen bezeichnen die Abbildungen.

Über den Autor

Jürgen Lotz, geboren 1944 bei Frankfurt a. M., arbeitete nach seiner Ausbildung als Historiker und Politologe neunzehn Jahre für ein historisches Magazin, davon dreizehn Jahre als Chefredakteur. Heute ist er freier Publizist und lebt am Tegernsee. Er veröffentlicht in überregionalen Zeitungen und im Rundfunk kulturhistorische Beiträge. Buchveröffentlichung: «Obrigkeit und Untertan – Anmerkungen zur deutschen Geschichte des 19. Jahrhunderts» (1985); Mitautor: «Schätze der Menschheit» (⁶1998); «Naturwunder und Kulturschätze» (12 Bde., 1997 f.); «Geschmückte Haut» (1997). Autor der Rowohlt-Monographie «Frédéric Chopin» (³2000).